Vorwort

Reisen ist heute ein Ausdruck von Individualität, oft auch davon, endlich weg zu gelangen aus dem stressigen Alltag, den Sorgen, vielleicht sogar im Urlaub ein anderer Mensch zu sein als der, den man zuhause kennt.

Für mich sind Reisen heute normalerweise mit meiner Arbeit verbunden, zu Vorträgen nach Berlin, Paris oder Singapur. Aber seit etwa fünfzehn Jahren mache ich auch Reisen zu mir selbst, indem ich allein in ferne Länder fahre und dort in einer noch recht unberührten Natur Begegnungen mit außergewöhnlichen Tieren oder auch mit Menschen aus ganz anderen Kulturkreisen suche. Dies lehrt mich vieles, aber es hat auch zu vielen Abenteuern und zu einigen lustigen Ereignissen geführt, die ich niemals missen möchte. Und da meine Mitarbeiter nach meiner Rückkehr jedesmal schon darauf warten, dass ich endlich erzähle, habe ich begonnen, die schönsten Momente aufzuschreiben und einige dieser Erlebnisse werden Sie in diesem Buch finden.

Reisen sind aber auch mit Problemen verbunden, die man nicht außer Acht lassen sollte – und daher gibt es im vorliegenden Buch auch wichtige Informationen für jene, die vielleicht nicht jede Woche verreisen und speziell natürlich die besten Tipps, wie Sie gesund zurück kommen, wie Sie vielleicht sogar Ihre nächste Reise als Beginn eines Lebens mit besserer Gesundheit nützen können.

Den Anfang dieses Buches bildet allerdings die Antwort auf die mir am häufigsten gestellte Frage: „Wie sind Sie zu den Probiotika gekommen?" Es ist leider keine fröhliche Geschichte, aber eine, die eben das Leben selbst geschrieben hat.

Ihre

Anita Frauwallner

Inhalt

Meine Reise zu den Probiotika — 6

Reisen mit sensiblem Bauch — 10

Urlaubs-Checkliste: Ich packe meinen Koffer … — 14

Das Zuhause von Löwen, Elefanten, Büffeln und Nashörnern:
Botswana — 20

Checkliste Reiseapotheke — 30

Das Land der tausend Hügel:
Ruanda — 36

Eintauchen, Abtauchen – das Südseemekka der Unterwasserpilger:
Französisch-Polynesien — 46

Andere Länder, andere Sitten — 56

Unendliche Weiten – geteilt mit den großen Bären:
Alaska — 62

Das Manta-Paradies im Südpazifik:
Insel Yap / Mikronesien — 72

Selbsttest: Welcher Urlaubstyp bin ich? — 82

Willkommen im unberührten Afrika:
Sambia — 88

Im Reich der Giganten:
Galapagos-Inseln / Ecuador — 98

Andere Essgewohnheiten, andere Stühle — 108

Afrika, mon amour!
Namibia — 112

Mein Reise-Tagebuch — 123

Nummern für den Notfall — 131

Meine Reise zu den Probiotika

Vor wenigen Wochen hatte ich ein Erlebnis, das sehr viel zu diesem Buch beigetragen hat. Ich traf eine Bekannte, die ich länger nicht gesehen hatte, und sie begrüßte mich mit den Worten: „Also Deine Probiotika haben sich wirklich durchgesetzt. Stell Dir vor, unsere Apothekerin hat sogar meinem 20-jährigen Sohn euer OMNi-BiOTiC® REISE für seinen Urlaub empfohlen. Das ist doch lächerlich, er fährt ja bloß nach Griechenland und ist völlig gesund!" Mich traf es wie ein Schlag, und ich hatte Mühe ihr zu antworten, denn eine andere Lebensgeschichte erschien plötzlich vor meinen Augen – nämlich die meines Mannes Helmut.

Hochbegabt und ein begnadeter Musiker, der vor knapp 50 Jahren seine glanzvolle Matura feierte. Und die Krönung sollte der Urlaub im Süden mit Freunden werden. Zurück kam er allerdings mit Durchfällen – sichtlich hatte er das Essen im Ausland nicht gut vertragen. Aber das war ja unwichtig, denn jetzt ging es zum Studium nach Graz. Nicht etwa nur zum Medizinstudium – das wäre ja zu wenig Herausforderung gewesen – gleichzeitig wollte er auch das Musikstudium an der Jazzakademie absolvieren, und natürlich auch abends den einen oder anderen Auftritt mit der eigenen Band, um den Eltern mit dem Studium nicht zu sehr auf der Tasche zu liegen. Die Durchfälle wurden häufiger, die Erklärungen vielfältiger: der Stress der Prüfungen, keine Mama in der Nähe, die vernünftiges Essen kocht, usw. Und Kranksein als angehender Arzt – wirklich nicht, das war bloß die Verdauung. Ja, und dann der Blitz der großen Liebe, als wir uns acht Jahre später kennenlernten, und mein Schock, als ich von seinen Problemen erfuhr. Nämlich dadurch, dass er mir beim ersten echten Rendezvous zwar den Blumenstrauß in die Hand drückte, aber statt eines langen Kusses nur herausbrachte: „Sag schnell, wo ist die Toilette?" Die Reisediarrhoe hatte sich inzwischen nämlich zur Colitis ulcerosa verschlimmert, einer hochproblematischen entzündlichen Darmerkrankung mit bis zu zwanzig blutigen Stühlen am Tag. Ohne große Hoffnung auf echte Heilung, jedoch mit vielen Medikamenten, um die Situation erträglich zu halten.

Aber nun war ja ich da. Wir heirateten nach kurzer Zeit und ich begann mich neben meinem Studium mit Ernährungsmedizin zu beschäftigen, mit orthomolekularer Medizin, mit autogenem Training, usw. Und siehe da, gerade als wir mehr als zehn Jahre später glaubten, dass er es geschafft hätte, kam die entsetzliche Diagnose: Darmkrebs. Zwei Jahre später stand ich in völliger Verzweiflung an seinem Grab. Was hatten wir falsch gemacht? Es hatte doch bloß alles mit einer einfachen Reisediarrhoe begonnen.

Heute kann ich Ihnen die Antwort geben, was da im Darm passiert ist. Durchfälle erwischen ja viele Menschen in südlichen Ländern. Einerseits sind es die ungewohnten Speisen und andererseits fremde Keime, die den Darm rebellieren lassen. Und bei knapp 70 % der Betroffenen, die sich einfach nicht ausreichend geschützt haben, ist es auch lediglich eine Kontamination mit dem Stamm der enterotoxischen *Escherichia coli*. Das ist verhältnismäßig harmlos. Diese Bakterien verursachen zwar Krämpfe und massives Einströmen von Wasser aus der Darmwand in das Innere des Darms, aber genau dadurch hört die Geschichte auch nach ein paar Tagen wieder auf: Die Keime werden ausgeschwemmt. Unangenehm, wenn Sie tagelang den Urlaub auf der Toilette statt am Strand verbringen, aber nicht weiter gefährlich.

Anders sieht es aus, wenn Sie sich mit Salmonellen, Shigellen oder einem Bakterienstamm namens *Campylobacter* infiziert haben, denn diese Keime nützen jede kleinste Lücke in Ihrem vielleicht durch den Stress vor der Abreise bereits geschädigten Darm, um sich in die Darmwand zu bohren und sich in den Darmzellen einzubunkern. Dort leben sie in Saus und Braus bis zum Absterben der Zelle und befallen dann die nächste, um auch diese wieder abzutöten. Und wenn die es erst einmal geschafft haben, Ihre Darmbarriere zu durchdringen, dann nützen auch Antibiotika nicht mehr, im Gegenteil, sie sind sogar kontraindiziert. Diese Medikamente können nämlich selbst nicht in die Darmzellen gelangen. Der Feind sitzt somit jetzt in Ihrem Inneren und beginnt, Ihnen wirkliche Probleme zu machen: Manchmal sind es einfach nur zwei-, dreimal täglich Durchfälle, die für den Betroffenen oft sogar zur Gewohnheit werden, ein lästiges Übel, mit dem der Betroffene aber leben kann – zu mindestens viele Jahre. Bei bis zu 30 % der Menschen, die aufgrund solcher Keime unter einer Reisediarrhoe litten, entwickelt sich ein Reizdarmsyndrom mit starken Blähungen, psychischen Beeinträchtigungen und massiven Schmerzen, die bis zur Arbeitsunfähigkeit führen können. Und bei manchen ist es eben ein Morbus Crohn oder eine Colitis ulcerosa, die entsteht – zwischen 6 und 20 % der Durchfallopfer sind davon betroffen. Die wichtigsten Verbündeten, die Sie jetzt noch haben, sind Ihre eigenen Darmbakterien. Denn diese können den Feind im Darm erkennen und bekämpfen, wo auch immer er sich zeigt.

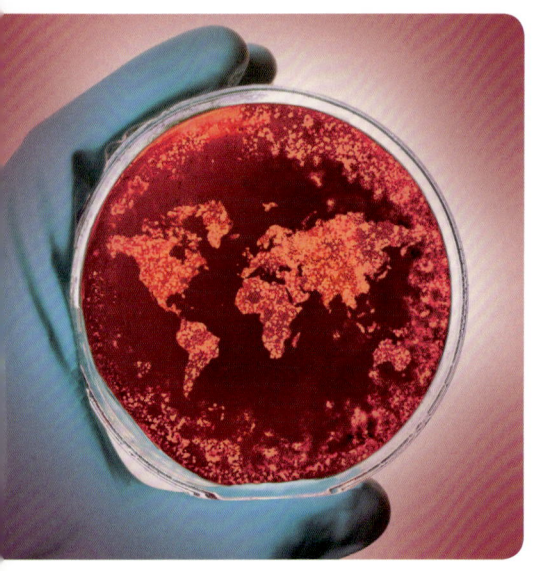

Sie sitzen in denselben Nischen und wissen, dass diese pathogenen Keime im Darm nichts verloren haben. Vor allem aber wissen unsere winzigen Freunde in unserem Körperinneren, was sie machen müssen: Sie produzieren in hohem Maße Milchsäure, sodass sich der pH-Wert im Darm verändert. Und zwar so, dass sich nur die guten Bakterien vermehren können, nicht jedoch die für den Menschen gefährlichen Keime. Ja, und am besten wäre es gewesen, schon vor Beginn der Reise diese netten Mitbewohner im Darm aufzunehmen und als Abwehrtruppe zu stationieren. In Form eines hochdosierten Reiseprobiotikums aus genau jenen Keimstämmen, die in der Lage sind, die wirklich gefährlichen Arten unschädlich zu machen, bevor sie im Darmgewebe ihre tödliche Arbeit beginnen können. Und diese Bakterien in unserem Körper sind zu meiner Faszination geworden. Während der Arbeit in meiner Apotheke habe ich immer wieder Menschen kennengelernt, die mir in langen Gesprächen, wenn ich sie nach der Ursache ihrer chronischen Beschwerden gefragt habe, plötzlich erklärten, sie könnten sich erinnern, dass da am Anfang eine schwere Durchfallerkrankung im Urlaub gewesen sei. Und jedesmal gab es mir einen Stich, denn ich wusste damals nicht, wie ich ihnen hätte helfen können.

Und dann lernte ich eines Tages einen damals schon recht betagten Mikrobiologen kennen, der mir seine Sicht zur Welt der Bakterien in uns und auf dieser Erde erläutert hat. Atemlos hörte ich ihm zu – und mir wurde klar, dass hier möglicherweise die Lösung für viele Erkrankungen zu finden war. Nicht umsonst hatten alle Ärzte der alten Medizinkulturen, gleichgültig ob Traditionelle Chinesische Medizin oder Ayurveda, behauptet, dass der Darm das Zentrum unserer Gesundheit sei. Oder wie Paracelsus 3000 Jahre später formulierte: „Der Tod sitzt im Darm!" Was, wenn tatsächlich Bakterien, diese winzig kleinen Lebewesen, die kaum im Mikroskop zu erkennen sind, daran ursächlich beteiligt wären, ob wir lange leben oder weit vor der Zeit unter Qualen sterben?

Ich begann, alles zu lesen, was ich dazu im wissenschaftlichen Bereich finden konnte. Ich kontaktierte die wenigen Forscher, die es damals im Bereich probiotischer Symbionten gab und ich begann, eigene Gedanken voranzutreiben. Nach wenigen Jahren bereits machte ich mich daran, neben der Arbeit in meiner Apotheke, Rezepturen für Bakterienmischungen im Labor auszuprobieren. Gemeinsam mit engagierten Ärzten, Mikrobiologen und einem Meeresforscher begannen wir, meine Ideen umzusetzen, die ganz einfach waren:

- **Nur die aktivsten aller Bakterienarten** zu verwenden, die im menschlichen Darm in kürzester Zeit so viel Milchsäure produzieren würden, dass **krankmachende Keime keine Chance** hatten.
- **Ausschließlich Bakterienarten** zu kombinieren, die aus **dem Mensche stammen** und sich deshalb auch im Menschen **wieder ansiedeln** und **vermehren** konnten und damit den möglicherweise bereits geschädigten Darm eines Menschen auch **wieder richtig aufbauen** würden.
- **Wissenschaftlich präzise** zu eruieren, was denn jede einzelne dieser Bakterienarten tatsächlich im Körper machen, um exakt jene zu finden, die bei einem bestimmten Problem die beste Lösung wären.

Mehr als zwei Jahrzehnte später kann ich Ihnen zwei Dinge versichern: Meine Faszination für die Bakterien ist bislang ungebrochen – vielmehr konnte ich durch meine Begeisterung für die Mikrobiomforschung dazu beitragen, dass wir Menschen heute bessere Chancen im Kampf gegen chronische Erkrankungen haben. 40 Studien laufen derzeit bei uns am Institut AllergoSan: zum Reizdarmsyndrom ebenso wie zur Demenz und der Burnout-Erkrankung, zur Verbesserung von Diabetes und Herz-Kreislauferkrankungen – und seit zwei Jahren auch zum Thema Krebs. Und zwar nicht mit chemischen Substanzen, bei denen die Nebenwirkungen sehr oft größer sind, als die erhoffte Wirkung, sondern mit den seit Anbeginn der Menschheit in uns lebenden Bakterien und ihrer natürlichen, präbiotischen Nahrung – Pflanzen, Vitamine und Mineralstoffe, die auch uns Menschen zu Vitalität und Aktivität verhelfen.

Ich habe vor vielen Jahren einen schweren Kampf verloren – nämlich jenen um das Leben meines Mannes. Doch mittlerweile gibt es viele Ärzte und Wissenschaftler, die mit mir versuchen, die Geheimnisse dieser verborgenen Welt der Bakterien zu entschlüsseln und für uns Menschen zu nutzen. Es ist eine aufregende Reise, die ich vor 25 Jahren begonnen habe und sie ist noch lange nicht zu Ende.

Reisen mit sensiblem Bauch

Immer wieder kommt die Frage auf, ob man mit einem empfindlichen Magen oder Darm auch das Risiko auf sich nehmen sollte, in ferne Länder mit niedrigeren hygienischen Standards und vor allem ganz anderem Essen zu reisen. Selbstverständlich NICHT – ohne entsprechende Vorsichtsmaßnahmen! Selbstverständlich JA, wenn Sie die entsprechenden „Reisebegleiter" dabei haben.

Über Probiotika muss ich nichts mehr sagen, sie sind das A und O jeden Urlaubs. Sowohl für die Prävention, als auch wenn der Durchfall schon vorhanden ist. Immer wieder wurde früher dazu geraten, doch schon bei Reisebeginn ein Antibiotikum einzunehmen, da man dachte, mit diesen starken Medikamenten wäre man sicher gegen Krankheitserreger. Was für ein katastrophaler Irrtum! Heute weiß man in der Medizin, dass damit die eigene Verteidigungslinie vernichtet wurde und viele Menschen haben sich so ein überempfindliches Verdauungssystem und auch ein stark reduziertes Immunsystem eingehandelt.

Die Fehler von gestern müssen aber nicht die Leiden von heute bleiben. Wenn Sie wissen, dass Sie in Ihrer Kindheit oder auch durch schwere Krankheit viele Antibiotika einnehmen mussten, dann ist der Weg zurück zwar ein langer, aber einer, der sich lohnt. Vielfach äußert sich dies nicht nur durch einen auf Druck hochempfindlichen Bauch, sondern auch durch schmierigen weichen Stuhl, der zumeist auch sehr unangenehm, oft richtig faulig, riecht.

Wenn dies der Fall ist, dann haben sich nicht nur Fäulniserreger angesiedelt, sondern auf der empfindlichen Darmschleimhaut wurden auch toxische Substanzen abgelagert, welche noch von Keimen stammen, die möglicherweise längst abgetötet wurden. Diese irritieren nun in höchstem Maße Ihre Nervenleitbahnen, die ein dichtes Geflecht rund um den Darm bilden. Eine äußerst unangenehme Sache, die zu ständigen Beschwerden führt. Oft erlebe ich dies schon bei Kindern, die dann eben ständig über „Bauchweh" klagen – aber niemand kann eine Ursache finden.

In diesem Fall rate ich zum Einsatz sogenannter Huminsäuren. Dies sind uralte natürliche Abbauprodukte von Pflanzen, die überall in der Natur vorkommen.

Ich empfehle ein Produkt aus deutscher Qualitätsherstellung, nämlich Activomin®. Es besitzt die Fähigkeit, Schadstoffe und Toxine im menschlichen Darm fest an sich zu binden. Dadurch werden schädliche Substanzen nicht von unserem Körper aufgenommen, genauso wenig, wie sie in die Blutbahn gelangen können. Die gebundenen Giftstoffe werden ausgeschieden, und zwar wirklich endgültig – anders als bei Tierkohle, welche nur teilweise dazu in der Lage ist, solche Stoffe zu binden. Warum das so ist? Weil sich die in Activomin® enthaltenen Huminsäuren als schützender Film über die Darmzellen legen – und zwar nachhaltig! Dadurch stellen sie nicht nur die bei einer Durchfallerkrankung beanspruchten, peripheren Nervenenden ruhig, sondern beschleunigen auch die Wiederherstellung einer physiologischen Darmfunktion.

Besonders wichtig bei einer bereits bestehenden Durchfallerkrankung: Die Huminsäuren dichten die Schleimhäute ab und verhindern damit, dass Schadstoffe in das Blutsystem eindringen. Sie verdrängen Krankheitserreger, blockieren ihre Rezeptorstellen im Darm und haben einen entzündungshemmenden Effekt, wodurch sie auch einer krankheitsbedingten Dehydrierung entgegenwirken können.

Beginnen Sie am besten schon zuhause damit, Activomin® einzunehmen, und zwar gemeinsam mit einem Sachet OMNi-BiOTiC® 10 (AAD), wodurch die vielleicht noch lebenden antibiotikaresistenten Krankheitskeime wie *Clostridium difficile* zerstört werden. Um die bereits im Darmgewebe befindlichen Giftstoffe rasch aufzusaugen, werden Activomin®-Kapseln unzerkaut zu oder nach den Mahlzeiten eingenommen.

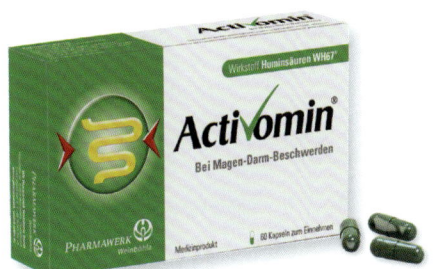

> **Im akuten Stadium der Beschwerden nehmen Erwachsene**: 3 x 2 Kapseln, 10 Tage lang. Danach 3 x 1 Kapsel, für 20 Tage. Selbstverständlich klappt dies auch bei Kindern. Für sie genügen allerdings 3 x 1 Kapsel über 10 Tage, danach 1 Kapsel täglich, für 20 Tage.

Bei manchen Menschen ist aber nicht der Bauch das Problem, sondern der Magen! Sodbrennen, saures Aufstoßen und Schmerzen machen vielen das Leben schon zuhause zur Qual, wieviel mehr noch auf Reisen mit dem dort üblichen, für uns aber ganz und gar „aufregenden" Essen. Ursache kann Stress sein, falsche Ernährung, hastiges Kauen, aber auch hier wieder eine falsche Bakterienflora im Darm. Spannenderweise sind es aber bei diesen Beschwerden nicht Fäulnis-, sondern Gärkeime! Diese verursachen die Bildung von Gasen, die eigentlich als Blähungen über den Darmausgang ausgeschieden werden sollten, aber oftmals, wenn diese Keime überwuchern, eben auch ein Aufsteigen der Gärgase in den Magen verursachen und so das Aufsteigen der Magensäure in die Speiseröhre, und damit das entsetzliche Brennen, den geblähten schmerzenden Magen und die Übelkeit. Je mehr Zucker, je mehr Alkohol in der Nahrung ist, umso schlimmer.

Das Mittel der Wahl ist hier ganz eindeutig Caricol® oder seit kurzem ganz speziell Caricol®-Gastro. Ich führe seit fast 15 Jahren in meinem Auto immer einige Portionen dieses wunderbaren Papayakonzentrats mit mir, denn auch bei mir kommt es natürlich zu viel Stress, und vor allem muss ich häufig auswärts essen – nicht immer zum Vergnügen meines Verdauungstrakts.

Caricol® stammt in seiner Zubereitung nach den Prinzipien der Traditionellen Chinesischen Medizin von der berühmten buddhistischen Meisterin Ji Kwaen Dae Poep Sa Nim. Sie war daran interessiert, bei ihren Schülern das Chi (= die Energie) zu stärken und experimentierte mit dem, was die Natur für die Verbesserung des Transports im Darm gegeben hat. Die Papaya ist nämlich eine hoch basische Frucht: Sie enthält sämtliche essenziellen Aminosäuren, große Mengen an wichtigen Mineralstoffen, wie Kalzium, Magnesium und

Kalium, sowie schützende Bioflavonoide. Durch das patentierte Herstellungsverfahren von Caricol® werden die verdauungsfördernden Eigenschaften der Papaya vervielfacht und jene Energiebahnen im Körper langfristig aktiviert, die am Verdauungsprozess maßgeblch beteiligt sind. Doch was dem Darm gegen Blähungen, und ganz speziell gegen die von manchen Reisenden als besonders belastend empfundene Verstopfung hilft, das ist auch für den Magen essentiell. Besonders die Kombination der basischen Papaya und der Essenz des Hafers machen Caricol®-Gastro zum idealen Begleiter für empfindliche Mägen: Die darin enthaltenen Avenanthramide hemmen die Freisetzung von Entzündungsbotenstoffen und beruhigen so die von Stress und falschen Lebensmitteln gereizte Magenschleimhaut rasch und nachhaltig. Mit diesen „Nothelfern" können auch Menschen mit einem sensiblen Bauch den Urlaub in exotischen Gefilden vom ersten bis zum letzten Tag genießen!

Ich packe meinen Koffer …

Reisedokumente, Impfungen, Flugtickets – bei jeder Reise muss so einiges bedacht werden – und diese Liste wird umso länger, je weiter das Reiseziel entfernt liegt. Da ist es mir in den ersten Jahren schon passiert, dass ich den Überblick verloren habe.

Ob aufregender Städtetrip, erholsamer Strandurlaub oder abenteuerliche Trekking-Reise – hier folgen Checklisten, mit denen Sie Ihrem Urlaub ganz entspannt entgegenblicken können. Damit sind Sie für alle Eventualitäten gewappnet.

Egal welche Art von Reise Sie geplant haben – die folgenden Dinge gilt es in jedem Fall zu beachten:

- **Reisepass:** Überprüfen Sie die Gültigkeit Ihres Reisepasses. Bei Antritt der Reise sollte dieser noch mindestens sechs Monate gültig sein. Innerhalb der EU ist für den Grenzübertritt auch ein gültiger Personalausweis ausreichend.

- **Reiseversicherung:** Sparen Sie nicht bei der Reiseversicherung. Vor allem bei Fernreisen, die oft schon weit im Vorhinein gebucht werden, lohnt sich der Abschluss – Sie sparen sich viel Ärger!

- **Dokumente:** Für den Fall der Fälle – machen Sie Kopien aller wichtigen Dokumente und schicken Sie sich Scans der Dokumente auch per E-Mail zu. Dazu zählen Reisepass oder Personalausweis, Führerschein, Impfpass sowie Reise- und Krankenversicherung.

- **Visum:** Informieren Sie sich, ob die Einreise in die jeweilige Urlaubsdestination ein Visum voraussetzt und planen Sie für die Beantragung genug Zeit ein – mit acht Wochen Vorlaufzeit sind Sie auf der sicheren Seite.

- **Impfungen:** Auch Impfungen können Teil der Einreisebestimmungen sein. Nicht nur das finale Urlaubsziel gilt es hierbei zu beachten, auch ein Reise-Zwischenstopp kann ausschlaggebend dafür sein, ob eine Impfung benötigt wird, oder nicht. Sollten Impfungen erforderlich sein, ist es ratsam, schon zwei Monate vor Reiseantritt damit zu beginnen.

- **Geld wechseln:** Erkundigen Sie sich vorab in Ihrer Bank über Währung und Wechselkurse und, ob es ratsam ist, zumindest einen kleinen Barbetrag umzuwechseln, mit dem Sie problemlos über die ersten Urlaubstage kommen.

STÄDTEREISE

Paris, London oder doch New York?
Eines haben Städtereisen immer gemein: Sie sind aufregend, abwechslungsreich und verlangen dem Reisenden einiges an Ausdauer ab. Die „Ausrüstung" sollte möglichst vielseitig sein, reichen die Aktivitäten doch vom gemütlichen Stadtbummel, über intensives Sightseeing bis hin zum eleganten Dinner in einem angesagten Restaurant. Die folgende Checkliste hilft Ihnen, den Spagat zwischen der umfangreichen Garderobe und dem Koffer im Handgepäcksformat – wie ich ihn bevorzuge – zu meistern.

Gepäckstücke:
- ◯ Handtasche oder Tagesrucksack
- ◯ Faltbare Stofftasche

Hygiene- & Kosmetikartikel:
- ◯ Gesichtscreme / Sonnencreme
- ◯ Zahnbürste & Zahncreme
- ◯ Duschgel & Shampoo
- ◯ Deo
- ◯ Kamm / Bürste / Haargummis
- ◯ Haarspray / Haargel
- ◯ Rasierer / Rasiergel / Rasierschaum
- ◯ Nagelzwicker & weiche Feile
- ◯ (Ab-)Schminkzeug

Tipp: Wenn Sie mit einem Handgepäckskoffer reisen, sparen Sie viel Zeit am Flughafen. Hier gilt es allerdings zu beachten, dass jeder einzelne Hygieneartikel nicht mehr als 100 ml Nenngewicht haben darf – selbst wenn Sie schon die Hälfte verbraucht haben, eine 150 ml Bodylotion ist ein No-Go!

Bekleidung:
- ◯ Bequemes Schuhwerk (!)
- ◯ Sandalen / Schickes Schuhwerk
- ◯ Unterwäsche & Socken
- ◯ T-Shirts
- ◯ Blusen / Hemden
- ◯ Röcke / Kleider
- ◯ Strumpfhosen (für kühle Abende)
- ◯ Lange und / oder kurze Hosen
- ◯ Pullover & Westen
- ◯ Regenfeste Jacke

Technik:
- ◯ Handy-Ladegerät
- ◯ Strom-Adapter
- ◯ Kamera
- ◯ MP3-Player
- ◯ (Selfie-Stick)

Städtereise-Must-Haves:
- ◯ Sonnenbrille
- ◯ Reiseführer / Stadtplan
- ◯ Wörterbuch oder Übersetzer-App (besonders praktisch im Restaurant)
- ◯ Regenschirm

STRANDURLAUB

Sommer, Sonne, Strand und Meer – das ist für viele der wahrgewordene Traum eines Urlaubs. Damit Sie den in vollen Zügen genießen können und dem Pack-Wahnsinn ein wenig entgegenwirken, finden Sie in der folgenden Checkliste alles, was im Sommerurlaub in Ihrem Koffer Platz finden sollte.

Gepäckstücke:
- ☐ Handtasche
- ☐ Tagesrucksack
- ☐ Strandtasche

Hygiene- & Kosmetikartikel:
- ☐ Gesichtscreme
- ☐ Zahnbürste & Zahncreme
- ☐ Duschgel & Shampoo
- ☐ Deo
- ☐ Kamm / Bürste / Haargummis
- ☐ Haarspray / Haargel
- ☐ Rasierer / Rasiergel / Rasierschaum
- ☐ Nagelschere & Feile
- ☐ Sonnencreme
- ☐ After-Sun-Creme
- ☐ UV-Lippenpflege
- ☐ (Ab-)Schminkzeug
- ☐ Waschmittel für die Handwäsche (um die Badebekleidung vom Meersalz zu befreien)

Tipp: Auch wenn Sie Ihren Koffer für den Strandurlaub aufgeben, gilt: Kleinere Mengen an Kosmetika mitnehmen – eine Woche kommen Sie mit den Miniaturgrößen immer aus. Sollte dann doch das ein oder andere Produkt zur Neige gehen, kann dieses auch im jeweiligen Urlaubsland nachgekauft werden. So bleibt auch mehr Platz für Strandhut & Co.

Bekleidung:
- ☐ Badebekleidung
- ☐ Flipflops / Sandalen
- ☐ Schickes Schuhwerk
- ☐ Unterwäsche & Socken
- ☐ T-Shirts
- ☐ Blusen / Hemden
- ☐ Röcke / Kleider
- ☐ Lange und / oder kurze Hosen
- ☐ Pullover & Westen / Jacke
- ☐ Regenfeste Jacke

Technik:
- ☐ Handy-Ladegerät
- ☐ Strom-Adapter
- ☐ Kamera
- ☐ MP3-Player

Strandurlaub-Must-Haves:
- ☐ Sonnenbrille
- ☐ Badetücher (wenn nicht vom Hotel zur Verfügung gestellt)
- ☐ Strandlektüre
- ☐ Kopfbedeckung

TREKKING-REISE

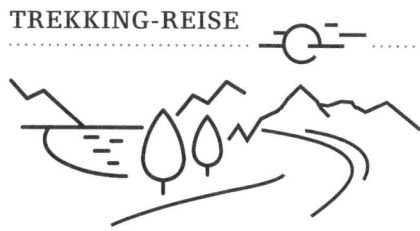

Nach dem Motto: „**Nur wo du zu Fuß warst, bist du auch wirklich gewesen**", gilt es beim Trekking-Urlaub vor allem eines zu beachten: gutes, bequemes und, wenn möglich, bereits eingelaufenes Schuhwerk. Blasen an den Füßen können schon nach wenigen Kilometern die Urlaubslust in Urlaubsfrust wandeln. Was es bei der Erkundungstour zu Fuß noch zu beachten gilt, und wie man ohne viel Gepäck ans Ziel kommt, zeigt Ihnen die nachfolgende Checkliste.

Gepäckstücke:
- Trekkingrucksack
- Faltbare regensichere Reisetasche
- Regencape für den Rucksack

Zelt:
- Schlafsack
- Isomatte
- Handtuch
- Moskitonetz
- Kissen
- Feuerzeug
- Gaskocher
- Geschirr & Besteck
- Wasserbehälter
- Wasserentkeimung / Filter
- Klopapier

Tipp: Das Packen des Rucksacks ist eine Kunst für sich – hier sollte mit Köpfchen und Strategie eingepackt und verstaut werden, nämlich: die leichten Sachen unten, die mittelschweren oben und die schweren Dinge an den Rücken – das schont nicht nur den Rücken, sondern hilft auch dabei, den begrenzten Platz bestmöglich zu nutzen.

Hygiene- & Kosmetikartikel:
- Gesichtscreme
- Zahnbürste & Zahncreme
- Duschgel & Shampoo
- Deo
- Kamm / Bürste / Haargummis
- Haarspray / Haargel
- Rasierer / Rasiergel / Rasierschaum
- Nagelschere & Feile
- Sonnencreme

Bekleidung:
- Bequeme Wanderschuhe (!)
- Wandersocken & dicke Socken
- Schal oder Tuch
- Fleece-Jacke
- Wasser- und windfeste Funktionsjacke
- Sandalen
- Funktions(unter)wäsche
- T-Shirts
- Lange und kurze Hosen
- Kopfbedeckung
- Sonnenbrille

Technik:
- ⃝ Solarladegerät
- ⃝ Strom-Adapter
- ⃝ Kamera
- ⃝ MP3-Player

Trekking-Must-Haves:
- ⃝ Kompass bzw. GPS-Gerät
- ⃝ Taschenmesser
- ⃝ Stirn- bzw. Taschenlampe

Tipp: Geben Sie lieber ein paar Euro mehr für gute Funktionswäsche aus. Die atmungsaktiven Materialien leiten Feuchtigkeit besonders effektiv nach außen ab. Außerdem lässt sich Funktionswäsche einfach waschen und trocknet schnell. Am besten verpacken Sie feuchte Kleidung in separaten Plastiktüten.

Das Zuhause von Löwen, Elefanten, Büffeln und Nashörnern

Botswana

Fläche: 581.730 km²   **Landessprachen:** Setswana, Englisch
Einwohner: 2.214.858   **Währung:** Pula
Hauptstadt: Gaborone   **Höchster Punkt:** 1.494 m (Monalanong Hill)

Begegnung mit einer Leopardin

Mein erster Urlaub in Afrika ist gleichzeitig der unvergesslichste. Es ging nach Botswana, in jenes Land, dessen Okowango-Delta eine der regenreichsten und fruchtbarsten Regionen ist, und das im Westen so trocken und einsam ist, wie man sich dies nur vorstellen kann – dort erstreckt sich die Kalahari, eine der erstaunlichsten Wüsten unseres Planeten: mit Löwen, die größer sind als alle anderen Artgenossen, und mit den berühmten nur 1,30 m großen Buschmännern, die heute noch ihr Steinzeitleben führen.

Von Johannesburg geht es mit dem Flugzeug nach Maun, zur Drehscheibe für einen Urlaub südlich des Äquators, und dort sehe ich schon, was mich in den nächsten zwei Wochen erwarten wird. Eine unglaubliche Anzahl von mehreren Hundert Klein- und Kleinstflugzeugen ist hier, die meisten für vier bis sechs Personen, ein paar „große" für zwanzig Passagiere sind auch da und die Abfertigung ist nicht viel anders als bei uns am Bahnhof. Meine Freude steigt noch als mich eine junge Frau um die dreißig in Khakishorts und –hemd anspricht und meint, dass sie meine Pilotin ist. Heute sei wenig los, ich sei ihr einziger Passagier und könne gleich bei ihr vorne im Cockpit Platz nehmen. Kurz noch das Wichtigste erklärt, ein paar Funksprüche mit dem Tower – und es geht hinauf in die Luft. Schon nach Minuten sehe ich nichts mehr von der Zivilisation. Nur eine Straße tief unter uns, die sich durch das Buschland zieht, und immer mehr Grün, immer höhere Bäume und schließlich – wie ein Gewirr von Nerven und Adern – die Wasserwege und Tümpel: Wir sind über dem Okowango-Delta angekommen – und das während der Trockenperiode! Trotzdem glänzt das Land in saftigem Grün, denn trocken wird es hier tatsächlich nie. Wir landen auf einem Grasstreifen, meine Pilotin winkt mir noch zu und lädt mit einem Handgriff mein Gepäck aus – magere 15 kg in einer Tasche sind das Maximum, das in diesen Fliegern Platz hat, die Auswahl an Kleidungsstücken ist somit beschränkt, aber viel braucht es hier ja auch nicht.

Am Rand der Graspiste winkt ein junger Mann aus seinem Jeep, es ist Joe, mein Guide für die nächsten Tage, der seine Aufgabe so umschreibt: „Hier ist das Paradies, und ich möchte, dass du Afrika und seine Natur lieben lernst." Gleich die erste Pirschfahrt lässt mich staunen. Es ist unglaublich: Giraffen wandern an uns vorüber, Zebras grasen ruhig weiter, wenn wir an ihnen vorbeifahren, die Löwen gähnen

uns an, als ob wir überhaupt nicht da wären, Schakale streiten sich um den Rest eines toten Büffels, der am Wegesrand liegt und insgesamt macht alles den Eindruck, als seien wir tatsächlich im Garten Eden – ruhig und von unendlicher Fülle an Tieren und Früchten geprägt. Ich kann nur schauen und staunen – nie hätte ich gedacht, dass es möglich ist, so nahe an die wilden Tiere heranzufahren, nie hätte ich es für realistisch gehalten, welche Vielfalt an Vögeln sich im Busch aufhält und welche Farbenpracht sie zur Schau stellen.

Als wir dann endlich in unserer Lodge ankommen und ich meine wenigen Habseligkeiten im Zelt verteilt habe, trete ich auf die Terrasse hinaus – und fahre erschrocken zurück, denn von der Seite schiebt sich ein langer grauer Rüssel ums Eck, dem dann auch bald ein verschmitzt dreinschauendes Auge im Gesicht eines Elefanten folgt. Denn auf meiner Terrasse steht ein kleiner Korb mit Obst und darauf hat es der Besucher anscheinend abgesehen. Ich bleibe erst mal hinter der Tür und betrachte den doch ziemlich beeindruckenden grauen Riesen aus der Entfernung.

Rauf auf die Terrasse kann er nicht, aber im Angeln mit dem Rüssel hat er sichtlich Erfahrung. Und nun wird er irgendwie nach vorne geschoben und hinter ihm taucht ein noch bedeutend größerer Elefant auf – Teamarbeit also – und sie ist auch von Erfolg gekrönt, jetzt klappt es mit den Pflaumen, die sich der graue Riese da klaut. Am Abend werde ich beim Essen rund ums Buschfeuer hören, dass ich ganz recht daran getan habe, den Elefanten nicht in die Quere zu kommen. „Sie sind hier wild, das ist kein Zoo, auch wenn sie noch so nahe kommen", erklärt mir Joe.

Am frühen Morgen geht es schon wieder hinaus in das Okowango-Delta, und heute sehe ich auch endlich das Wasser, dessentwegen ich hierhergekommen bin. Wunderschöne Tümpel und Teiche mit weißen und pinkfarbenen Seerosen. Unberührte Natur, so scheint es, doch als wir für den Morgenkaffee aus dem Jeep steigen, warnt mich Joe, nur ja nicht zu nahe ans Wasser zu gehen. Zuerst denke ich an Krokodile, was auch richtig ist, doch die wirklichen Herrscher über diese Gewässer sind ganz andere – die Hippos! Jeder Teich ist bewohnt von mindestens einem von ihnen – und mit denen ist nicht zu spaßen. So gemütlich und rund die Nilpferde aussehen, sie nehmen es mit jedem 100-Meter-Läufer auf!

Der Tag neigt sich langsam dem Abend entgegen und wir machen uns auf den Heimweg zur Lodge, als ich plötzlich am Rande eines kleinen Waldes etwas Sonderbares auf einem Baum sehe. Ich rufe – Joe sieht es jetzt auch und hält mit dem Jeep direkt darauf zu. Es ist eine halbe Gazelle in etwa zehn Metern Höhe. Vielleicht hätten wir Glück, meint mein Guide, und der Leopard komme zurück zum Fressen, denn nur der schleppe so ein Tier so hoch hinauf ins Geäst. Er stellt das Auto etwa fünf Meter vom Baum entfernt ab. Und in diesem Augenblick teilt sich das hohe Gras – und ganz unbekümmert, geradezu lässig, tritt ein Leopard heraus. Er zieht die Lefzen hoch, schaut in unsere Richtung, nimmt Witterung auf, und kommt direkt in Richtung Jeep. Ich merke, dass ich die Luft angehalten habe, und kann die Augen nicht von diesem wunderschönen eleganten Tier abwenden. „Das ist sie!" flüstert Joe. Ich kann nicht fragen, wen er mit „sie" meint, denn jetzt ist sie bereits am Wagen, jeder Muskel ihres geschmeidigen Körpers bewegt sich sichtbar, als sie das Auto umrundet und direkt neben mir stehen bleibt. Sie sieht mich an – sie sieht mir direkt in die Augen. Ihre sind gelb und gesprenkelt, und mein Mund wird trocken, als ich feststelle, dass sie keinen Meter von mir entfernt ist – der Jeep hat keine Türen, ist komplett offen. Mit einem Sprung könnte sie mich ihre langen Reißzähne spüren lassen, die sie immer wieder einmal sehen lässt. Und immer noch blickt sie mir in die Augen – unverwandt.

Plötzlich lässt sie sich fallen und beginnt sich zu lecken – immer noch weniger als einen Meter von mir entfernt. Langsam beginnt die Starre von mir abzufallen, und ich ziehe den Fotoapparat hervor – klick und nochmals klick, wieder sieht sie mich an, unergründliche Augen. Die Leopardin leckt ihre Pranken, den Bauch ganz entspannt, und mittlerweile lächle ich sie an, bin selbst auch entspannt und habe vergessen, dass dies hier ein gefährliches Raubtier ist. Plötzlich hält sie inne – ich höre es auch, ein anderer Jeep – ganz in der Nähe. Sie erhebt sich, wirft mir einen langen Blick zu und ist dann mit wenigen Sätzen oben auf dem Baum bei ihrem Abendessen.

Ganz benommen von dieser Erfahrung, kehre ich zurück. Joe verspricht mir, dass wir es am nächsten Morgen nochmals versuchen würden. Er kennt die Leopardin. Sechs Monate lang ist sie nicht in der Gegend gewesen, heute ist sie anscheinend zurückgekehrt. „Vielleicht nur deinetwegen", lächelt er, „wer weiß, vielleicht bist du auch eine Leopardenfrau." Ich fiebere dem Morgen entgegen.

Noch vor der Morgendämmerung bin ich auf den Beinen. Joe ist bereits da, und der Jeep wird gestartet. Keiner von uns spricht. Die Sonne geht auf – mit einer unglaublichen Farbenpracht, wie ich sie bisher noch nie in meinem Leben gesehen habe, die Tautropfen glitzern im Gras, und nach kurzer Fahrt taucht das Wäldchen von gestern auf. Mein Herz pocht. Auf dem Baum hängt nur noch ein kahles Gerippe und Enttäuschung kriecht in mir hoch. Sie ist weg. Joe hält den Jeep an – diesmal auf der anderen Seite des Baumes, und ich schaue mich um. „Da!", ein halblauter Ruf von Joe, und ich sehe sie. Mit einem Sprung kommt sie aus dem Dickicht links von mir und geht dann ganz ruhig wieder auf unseren Jeep zu. Bleibt vor mir stehen und blickt mir in die Augen. Ich lächle ihr entgegen, glücklich und weit weg von der Realität, denn ich habe mich verliebt, verliebt in eine Leopardin und in Afrika.

Botswana

Rezept

Der Geschmack des Abenteuers: Currypfanne mit Reis

für 2 Personen
30 Minuten

Zutaten:

- *100 g Vollkornreis*
- *200 g Rindsfaschiertes*
- *3 Knoblauchzehen, gehackt*
- *2 Stangen Lauch, in Ringen*
- *2 EL Rosinen*
- *150 ml Gemüsebrühe*
- *2 EL Frischkäse*
- *Curry*
- *Salz*
- *Pfeffer*

Zubereitung:

Den Reis mit der 2,5-fachen Menge Wasser und einer Prise Salz in einem Topf zum Kochen bringen. Dann die Hitze reduzieren und zugedeckt ca. 30 Minuten lang gar werden lassen.

Faschiertes und Knoblauch in einer beschichteten Pfanne ohne Fett unter mehrmaligem Wenden braun anbraten.

Lauch und Rosinen (oder Goji-Beeren) zugeben und kurz andünsten.

Mit der Gemüsebrühe aufgießen, danach mit Salz, Pfeffer und Curry abschmecken und zugedeckt ca. 5 Minuten schmoren lassen.

Zum Schluss den gekochten Reis untermengen und den Frischkäse unterrühren.

Mein Tipp: Sie mögen keine Rosinen? Dann verwenden Sie stattdessen zwei Esslöffel Goji-Beeren. Aufgrund ihrer hohen Nähr- und Vitalstoffdichte sind die roten Beeren ein wahres „Superfood". In der Traditionellen Chinesischen Medizin werden den Goji-Beeren lebensverlängernde Eigenschaften zugeschrieben, weil sich die enthaltenen Stoffe besonders positiv auf das Immunsystem und das Herz auswirken und die Lebensenergie „Chi" stärken.

Currypfanne mit Reis

Checkliste Reiseapotheke

Ganz klar: Niemand geht davon aus im wohlverdienten Urlaub krank zu werden oder sich zu verletzten, trotzdem habe ich eine gut sortierte Reiseapotheke für den Fall der Fälle immer dabei. Einfach wegen des guten „Bauchgefühls"!

Der Umfang und die Bestückung der Reiseapotheke kann je nach Urlaubsziel und Art der Reise stark variieren. Was aber ungeachtet von Destination und Variation unbedingt mit in den Koffer muss und welche Vorsorgemaßnahmen Sie vor dem Reiseantritt noch treffen können, erfahren Sie hier von mir.

VERSORGUNG VON VERLETZUNGEN

Ein kurzer Moment der Unachtsamkeit, eine Begegnung mit Medusa oder auch einfach ein Fehltritt in der felsigen Meeresbucht – eine kleine oder auch größere Schürfwunde ist schnell passiert. Und im Meer und auch bei heißem Wetter heilen Verletzungen viel schlechter. Darum immer mit im Gepäck:

- ⭘ Mittel zur Hautdesinfektion
- ⭘ Wund- und Heilsalbe
- ⭘ Aluminisierter Verbandmull (gegen Verbrennungen)
- ⭘ elastische Binde
- ⭘ Mullbinden
- ⭘ Wundauflagen
- ⭘ Heftpflaster
- ⭘ Medizinisches Klebeband
- ⭘ Einweghandschuhe
- ⭘ Schere und Pinzette

ERKÄLTUNGS- KRANKHEITEN

Sie sind voller Vorfreude auf die sommerlichen 30°C und kleiden sich schon entsprechend der Willkommens-Temperaturen Ihrer – vielleicht tropischen – Urlaubsdestination? Hier ist Vorsicht geboten, denn Klimaanlagen und die oftmals trockene Luft im Auto und Flugzeug können rasch zur ersten gesundheitlichen Bedrohung bei der Anreise werden. Das rührt vor allem daher, dass der Körper bei langen Reisen besonderen Belastungen ausgesetzt ist. Sorgen Sie rechtzeitig vor und unterstützen Sie Ihr Immunsystem mit Vitaminen und vor allem dem Spurenelement Zink.

Während der Reise ist es ratsam, die Schleimhäute von Nase und Rachen mit einem entsprechenden Zerstäuber mit Meersalz feucht zu halten und in puncto Kleidung auf den sogenannten „Zwiebel-Look" zu setzen – also mehrere Lagen eher lockerer Kleidung und denken Sie auch an ein Tuch oder einen Schal.

Sollten Sie trotz der Vorkehrungsmaßnahmen mit einer leichten Erkältung zu kämpfen haben, packen Sie vorsichtshalber die folgenden Produkte in Ihre Reiseapotheke:

Arzneimittel gegen:
- Husten und Schnupfen
- Mund- und Rachenentzündungen
- Augenbeschwerden
- Fieber, (Kopf-)Schmerzen, Grippe und ein Fieberthermometer

UNTERSTÜTZUNG FÜR DIE VERDAUUNG

Nicht selten treten Verdauungsprobleme im Urlaub auf. Exotische Gerichte mit noch exotischeren Gewürzen verlangen der Verdauung einiges an Arbeit ab. Zudem tragen der geänderte Tagesrhythmus und der Stress der Anreise zu Problemen wie Verstopfung oder auch Durchfällen bei.

Doch nicht nur geänderte Bedingungen und die fremdländische Küche können schuld am Rumoren im Darm und schmerzenden Bauchkrämpfen sein. Häufig sind Bakterien, wie *Escherichia coli*, *Campylobacter* oder *Salmonellen* Auslöser allen Übels. Derartige Keime gelangen über nicht richtig durchgekochte Speisen oder auch durch verunreinigtes Wasser in unseren Körper. Wenn Sie dem Durchfall erlegen sind, achten Sie unbedingt darauf, die verlorenen Mineralstoffe durch Elektrolytgetränke wieder auszugleichen.

Damit es gar nicht erst so weit kommt, können Sie schon zuhause vorsorgen und Ihren Darm auf die geänderten Bedingungen vorbereiten: Hochwertige Probiotika unterstützen Ihren Darm durch eine Vielzahl an nützlichen Symbionten. Eine gesunde und vielseitige Darmflora kann sich dann sehr viel besser gegen fremde Eindringlinge zur Wehr setzen und verdrängt schlechte Keime aus dem Körper bevor Schaden entsteht. Am besten beginnen Sie schon eine Woche vor dem Reiseantritt mit der Einnahme eines Multispezies-Probiotikums, wie zum Beispiel OMNi-BiOTiC® REISE. Mit den speziellen probiotischen Bakterien von OMNi-BiOTiC® REISE sind Sie für die folgenden Länder und ihre Keime bestens gewappnet (siehe nächste Seite):

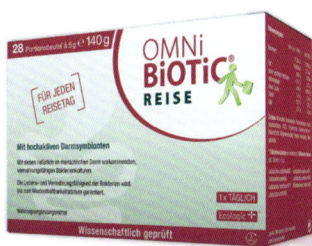

Prozentuales Risiko an Reisediarrhoe zu erkranken: Das höchste Risiko bergen, laut Untersuchungen von Tropenmedizinern, die Länder rund um den Äquator.

Ägypten: Der Klassiker – bis zu 92 % der Besucher ohne probiotischen Darmschutz kommen mit Durchfällen von ihrer Nilkreuzfahrt zurück.

Türkei: Auch das schönste Hotel schützt nicht vor Salmonellen. Eigene Hygieneregeln beachten: Häufig und gründlich die Hände waschen!

Ferner Osten: Achten Sie auf das „Plopp" beim Öffnen jeder Wasserflasche. Wenn Sie das nicht hören, wurde eine alte Flasche mit Leitungswasser befüllt – dann heißt es: Finger weg davon!

Mittelmeerländer und Osteuropa: Niemals Wasser aus der Leitung trinken! *Shigellen* lassen sonst möglicherweise grüßen.

Karibik: Nur essen, was gut gekocht, noch heiß und vollkommen „durch" ist – kein rohes Fleisch und auch keinen rohen Fisch! Fragen Sie im Hotel nach, ob Sie sich mit dem Wasser die Zähne putzen können.

Italien: *Campylobacter*-Arten lauern bereits in den oberitalienischen Seen, also beim Schwimmen den Mund geschlossen halten!

Mittel- und Südamerika: Achtung bei stehenden Gewässern und feuchtem Sand. Gehen Sie nicht barfuß, denn Würmer lauern im feuchten Nass.

Neben dem Einsatz von Probiotika kann auch durch gezielte Ernährung ein präventiver Effekt erzielt werden. Eine gesunde Ernährung ist generell ein erstrebenswertes Ziel, doch gerade bei der Vorbereitung des Darms auf die große Urlaubsreise spielt sie eine umso größere Rolle.

Hierbei gilt: Nehmen Sie viel Gemüse und Obst zu sich und das in einer möglichst hohen Diversität. Dämmen Sie hingegen den Verzehr von Zucker und Weißmehlprodukten, aber auch von Fleisch und Wurstwaren etwas ein – stattdessen Hülsenfrüchte und Vollkornreis. Auch Alkohol ist kein Bestandteil einer Aufbaukur für den Verdauungstrakt. Am besten starten Sie mit der Ernährungsumstellung zwei Wochen vor Antritt der Reise.

Wenn Sie sich zusätzlich zu den genannten Präventiv-Maßnahmen dann auch noch im Urlaub an ein paar Regeln halten, steht dem unbeschwerten Genuss nichts mehr im Wege:

- **„Cook it, peel it, or leave it!"** – also: Kochen Sie Ihr Essen – schälen Sie es – oder lassen Sie es bleiben! Das sollte zu Ihrem Credo in puncto Essen im Urlaub werden. Lassen Sie die Finger von rohen Speisen. Fleisch, Fisch und Eier sind ein hervorragender Nährboden für schädliche Keime, vor allem natürlich in heißen Ländern. Obst und Gemüse sollten vor dem Verzehr immer geschält werden. Doch auch das schützt nicht immer – z. B. bei Wassermelonen! Diese werden manchmal durch eine Spritze mit Leitungswasser schwerer und damit „einträglicher" gemacht. Vorsicht bei Salaten – diese weisen häufig durch Düngung eine besonders hohe Keimbelastung auf. Verzichten Sie darauf!

- **Kein Wasser aus der Leitung!** Entgegen der Gewohnheit des trinkbaren Leitungswassers bei uns, gilt hier besondere Vorsicht in fremden Ländern. Stillen Sie Ihren Durst ausschließlich mit Wasser aus original verschlossenen Flaschen. Und ist die Hitze noch so drückend, lassen Sie die Eiswürfel im Lieblingsgetränk lieber bleiben. Sogar beim Zähneputzen ist Vorsicht geboten! Am besten den Mund mit dem Wasser aus der Flasche spülen.

- **Hygiene ist oberstes Gebot!** Denn viele Erreger werden durch Schmierinfektionen übertragen. Besonders auf Türschnallen, Toiletten und natürlich anderen Händen wimmelt es nur so vor Keimen. Waschen und desinfizieren Sie sich daher häufiger die Hände, als Sie es vielleicht zuhause tun würden.

Sollte es Ihnen trotz Vorbereitung und vorbildhafter Einhaltung der „goldenen Regeln" schlecht gehen, empfiehlt es sich die folgenden Produkte in der Reiseapotheke mitzuführen:

- ☐ Elektrolytmischung
- ☐ Spezielle Reise-Probiotika zur Wiederherstellung der Darmflora
- ☐ Papayaprodukt gegen Beschwerden wie Sodbrennen oder Verstopfung
- ☐ Medikamente gegen Reiseübelkeit
- ☐ auf Busreisen einen starken „Durchfallstopper"
- ☐ Handdesinfektionsgel

Entgegen dem vorherrschenden Glauben, dass Salzstangen und Cola-Getränke ein bewährtes Hausmittel bei Durchfall seien, muss ich Ihnen aus medizinischer Sicht von dieser Kombination abraten, da der hohe Zuckergehalt in Cola-Getränken den Durchfall noch verstärken kann. Zudem erhöht das enthaltene Koffein den bereits entstandenen Kaliumverlust. Durch den Verzehr von Salzstangen kann der Verlust von Salzen wie Kalium oder Magnesium nicht ausgeglichen werden. Besser eignet sich eine Elektrolytmischung aus der Apotheke.

PFLEGE FÜR DIE HAUT

Aber nicht nur der Magen-Darm-Trakt kann „Schaden" von dem sonst so entspannenden Urlaub nehmen. Auch ein Sonnenbrand kann das Sonnenbaden böse enden lassen. Daher auch bei der Reiseapotheke an die folgenden Produkte denken:

- ⬜ Sonnenschutzmittel mit hohem Schutzfaktor
- ⬜ Spezielle UV-Lippenpflegestifte
- ⬜ After-Sun Präparate
- ⬜ Thermalsprays

Nicht nur Sonne, sondern auch lästige abendliche Begleiter können die Haut in Mitleidenschaft ziehen. Vergessen sie daher nicht auf folgende Präparate:

- ⬜ Insektenschutzmittel
- ⬜ Salbe oder Gel für juckende Hautausschläge
- ⬜ Malariamedikament (darf in tropischen Gebieten in keiner Reiseapotheke fehlen)

Abgesehen von den Urlaubsvorkehrungen und der Vorbereitung auf alle Eventualitäten, denken Sie auch an jene Medikamente, die Sie als Dauermedikation einnehmen (z.B. die „Pille" oder Blutdruckmittel).

Noch ein Tipp zum Schluss:
Die Reiseapotheke nie im Auto liegen lassen! Die pralle Sonne lässt die Temperaturen schnell steigen, die dann die Wirkung einiger Arzneimittel zunichte machen. Achten Sie darauf, die Medikamente in der empfohlenen Art und Weise zu transportieren. Wenn das eine Aufbewahrung im Kühlschrank bedeutet, bitte eine „Kühlbox" fürs Auto anschaffen.

Das Land der tausend Hügel
Ruanda

Fläche: 26.338 km²   **Landessprachen:** Französisch, Englisch, Kinyarwanda
Einwohner: 12.988.423   **Währung:** Ruanda-Franc
Hauptstadt: Kigali   **Höchster Punkt:** 4.507 m (Karisimbi)

Sonne im Land der Nebel und der Gorillas

"Bist Du jetzt komplett verrückt geworden?", reagiert meine Mutter wütend, als ich ganz nebenbei erwähne, dass ich in diesem Jahr meinen Urlaub in Ruanda verbringen will. „Die haben doch erst vor kurzem alle Menschen dort umgebracht, ein richtiger Genozid war das, da kann man doch nicht hinfahren! Die bringen sicher jeden um, der da hinkommt."

Ich versuche sie zu beruhigen, dass dies bereits vor zwanzig Jahren war und mein Interesse vorrangig den letzten wild lebenden Berggorillas im Hochgebirge der Virunga-Vulkane gilt, die hier wie zu Zeiten Dian Fosseys in einer unberührten Landschaft dem Klima und Wilderern trotzen und denen nur ganz wenige Touristen nahe kommen dürfen. Jetzt war sie noch erschrockener: „Gorillas? Ich habe deren Zähne im Fernsehen gesehen. Die können dir glatt den Kopf abbeißen!"

Mit all diesen Warnungen im Gepäck entsteige ich also dem Flugzeug in Kigali, der Hauptstadt Ruandas, und wundere mich gleich einmal beim Zoll, denn die erste Frage lautet: „Führen Sie Plastiksackerl oder Plastikflaschen mit sich?" Hab ich doch noch nie gehört. Was soll denn das? Sind das irgendwelche Voodoozauber-Sachen? Ist mein Englisch nicht gut genug, hab ich da was falsch verstanden? Keine Rede, die Aufklärung folgt durch unseren Fahrer, als ich mich verwundert darüber äußere, wie sauber es in seiner Heimatstadt sei, ganz anders als in den meisten anderen großen afrikanischen Städten, die ich kenne: keine Dosen am Straßenrand, kein Abfall auf den Gehsteigen. Er grinst mich mit einem breiten Lächeln an und erzählt dann davon, warum man sein Land seit wenigen Jahren die afrikanische Schweiz nennt: Jeden Freitagnachmittag gehen alle Menschen aus den Büros und Geschäften auf die Straßen und säubern die Gehsteige und Plätze, sofern etwas wegzuräumen ist. „Wir wollen ein Vorzeigeland sein", meint er jetzt ganz ernst. „Wir haben hier so schreckliche Dinge erlebt, jetzt machen wir aber alles gemeinsam."

Ich gebe zu, ich habe mit etwas mulmigem Gefühl davon gelesen, dass sich in diesem Land Entsetzliches zugetragen hat, habe von Massenmord und Folterungen der Hutu gelesen, die in knapp hundert Tagen eine Million ihrer Nachbarn, der

Tutsis, ermordeten. Doch dieser junge Mann, der mich da so fröhlich angrinst – der ist stolz darauf, dass es heute nur noch Banyarwanda gibt, also Bürger von Ruanda, egal welchem Volksstamm sie ursprünglich angehörten.

Wir fahren jetzt hinaus aus der Stadt und sehen überall auf den Feldern arbeitende Menschen, vielfach singen die Frauen, während sie auf dem Kopf ihre Einkäufe nachhause tragen, nirgendwo Bettler, nirgendwo Armut und Lumpen, sondern sehr junge, fröhliche und fleißige Arbeitende in bunten Gewändern, viele Kinder – so wie überall in Afrika – und eine üppige Natur, die aber bereits zum Großteil landwirtschaftlich genutzt ist. Das mulmige Gefühl verlässt mich langsam und Freude breitet sich aus, als wir jetzt hinauf ins Bergland kommen. Zusehends wandelt sich die Vegetation, spürbar wird es kälter und feuchter. Die Temperaturunterschiede sind eklatant als wir abends aus dem Jeep klettern und unser Gepäck ausgeladen wird. Rauch bildet sich beim Ausatmen, die Nebel hüllen die Berge in ihr undurchdringliches Grau und lassen alles schemenhaft wirken. Ich bin froh, dass ich die warme Haube dabei habe und, dass uns im schönen Holzhaus ein prasselndes Feuer im Kamin erwartet. Ist doch irre – wir sind in Afrika!

Während des Abendessens hören wir schon wundervolle, aber auch abenteuerliche Geschichten. George, unser Gastgeber, ist selbst ein berühmter Naturfotograf, der schon viele Preise gewonnen und sein Leben den Berggorillas gewidmet hat. Wenn er erzählt, welche Urgewalten entfesselt werden, wenn so ein 250 Kilo Tier durch den Urwald bricht und sich im Imponiergehabe zu voller Größe aufrichtet und auf seine breite Brust trommelt, da stellen sich mir die Nackenhaare auf und ich überlege, ob meine Mutter nicht vielleicht doch einen Funken Wahrheit in ihrer Tirade hatte.

Jetzt jedenfalls gibt es keinen Rückzieher, die Chance diesen schwarzen Riesen so nahe zu kommen, die gibt es für mich nur morgen und ich werde sie nutzen. Die Nacht ist kurz, denn schon um sechs Uhr werden wir geweckt und zu den Rangern gebracht, die uns genaue Anweisungen zum Verhalten bei den vom Aussterben bedrohten Tieren geben: ja nicht husten oder niesen – unbedingt unterdrücken! Zögerliche Frage eines Amerikaners, „Werden sie dann etwa aggressiv?" wird mit einem kurzen Lachen beantwortet – nein, das sei dafür da, um die Tiere vor Grippe zu schützen – und wenn unbedingt notwendig, dann bitte in die Armbeuge. Viren sind unerwünschte Besucher! Und keinesfalls näher als acht Meter an die Tiere herangehen und ja nicht berühren!

Zuerst marschiert unsere Truppe noch durch Blumenfelder und es sieht wie eine gemütliche Wanderung aus, die Sonne ist da, es wird warm. Dann aber verteilen die Ranger dicke Wanderstöcke, der Aufstieg beginnt. Nun machen sich die festen Schuhe, die lange Hose und das langärmlige T-Shirt bezahlt. Überall lauern brennnesselähnliche Pflanzen, Wurzeln und Astgabeln tauchen plötzlich vor mir auf. Wir rutschen auf dem feuchten Grund, verhaken uns in Lianen, wehren Spinnen ab und ich bin nach zwei Stunden total außer Atem. Doch dann – wie aus dem Nichts stehen zwei „Tracker" vor unserer kleinen Acht-Mann-Gruppe. Sie verbringen den Tag mit den Berggorillas. Erst wenn sich diese am Abend ein Nest bauen und sich schlafen legen, geht für die Tracker der lange Tag zu Ende. Am nächsten Tag, bevor die Berggorillas erwachen, kehren sie zu ihnen zurück. So wissen die Tracker immer, wo sich die Tiere aufhalten – und die Ranger haben die Chance, uns auch tatsächlich dorthin zu lotsen, wo wir eine Gorillafamilie sehen können.

Dann heißt es still sein, Rucksäcke und Wanderstöcke abstellen und rein ins Gebüsch. Denn jetzt suchen wir die Gorillas. Wer sich bislang noch auf den Beinen halten konnte, bekommt spätestens jetzt Schwierigkeiten. Der Boden ist überwuchert von Farnen und der Anstieg schwer zu bewältigen. Immer wieder müssen die Ranger uns mit ihren Macheten den Weg freischlagen. Ich bleibe erschöpft stehen, ich hab keine Luft mehr, der Ranger schaut besorgt zu mir herüber und ich zeige ihm ok, bloß eine Minute. Und da höre ich aus dem dünner werdenden milchigtrüben Nebel Geräusche. Als ich mich zur Seite drehe, erscheint nur wenige Meter neben mir der mächtige Körper eines Tieres mit silbrig schimmerndem Rücken.

Einen Moment lang trifft der ruhige, tiefe Blick des Gorillas den meinen, es ist als wolle er erkunden, was mich hierher gebracht hat, dieses kleine schwache Menschlein in sein wildes Reich. Noch immer überlegt er, mein Herz pocht, doch es ist nicht Furcht, sondern diese Nähe zu einem unglaublichen Wesen, das tief in meine Seele zu blicken scheint, das Überlegenheit und Friedfertigkeit ausstrahlt.

Und all die Mühe des Anstiegs, die schlammigen Wege, die elenden Insektenschwärme, alles ist vergessen und ich lächle dieses riesige Wesen an. Wie auf ein Zeichen hin, setzt er sich und beginnt sich genüsslich mit Bambus vollzustopfen. Inzwischen kommt auch der Rest der Familie, ein großes Weibchen geht knapp an mir vorbei und als sie sich umdreht, stößt sie mich mit ihrem Hinterteil so hart, dass ich nach hinten kippe und nun am Boden sitze. Von unten sieht sie gewaltig aus und mein Herz macht ein paar Stolperer, doch ich wage nicht mich zu bewegen oder wieder aufzustehen. Ihr scheint es egal, aber nicht den beiden Kleinen, die hinter ihr herkamen. Die stehen jetzt vor mir und betrachten das eigenartige Wesen, das weder Fell noch richtige Haut zu haben scheint. Die Kamera drücke ich an mich, doch die interessiert sie auch nicht. Viel spannender ist der blinkende Zippverschluss meiner Jacke als die Sonne jetzt durch den Wald kommt. Man zieht daran – tut sich nichts – und sie springen gleich ein paar Hüpfer weiter zu einem Chamäleon, das sich gerade auf einem Ast ausrollt. Mit zwei Schritten ist jetzt auch der Ranger wieder da und hilft mir blitzschnell hoch, gerade noch rechtzeitig, denn aus dem Gebüsch hört man plötzlich Kreischen und Heulen, das Brechen von Unterholz. Mein Freund mit dem Silberrücken ist ebenfalls schon auf den Beinen und wirft sich nach rechts, wir eilen ihm nach um zu sehen, was los ist.

Auf der nächsten Lichtung erblicken wir ein anderes großes Männchen mit einem schreienden Gorillaweibchen. Der Ranger zischt: „Vorsicht, das wird gleich heftig!" Und so ist es: Der Anführer richtet sich auf, brüllt, dass es mir durch Mark und Bein geht, trommelt auf seine Brust – und stürzt dann auf den Mitbewerber los. Der allerdings hat anscheinend mitbekommen, dass er sich mit dem großen Silberrücken doch nicht auf einen Kampf einlassen sollte und flüchtet. Langsam kehrt der Anführer zu seinem Platz zurück, brüllt noch einmal in den Wald, trommelt auf seine mächtige Brust und setzt sich dann ruhig und majestätisch auf den Waldboden, um seine Bambusmahlzeit wieder aufzunehmen. Ich fühle mich so glücklich, so zufrieden, was ich hier sehen darf – Ruhe und tiefe Freude breiten sich in mir aus: die Menschen und auch die Gorillas haben es hier in Ruanda anscheinend geschafft, ihr eigenes Leben wieder richtig gut zu leben.

Ruanda

Rezept

Auf Afrikas Spuren: Süßkartoffel-Erdnuss-Eintopf

für 4 Personen
50 Minuten

Zutaten:

- *100 g Berglinsen, ungekocht*
- *100 g Kichererbsen, gekocht*
- *200 g Tomaten, grob gehackt*
- *1 große Süßkartoffel*
- *2 mittelgroße Kartoffeln*
- *1 Zwiebel*
- *1 Stange Sellerie*
- *1 Knochlauchzehe*
- *1 Chilischote*
- *2 EL Olivenöl*
- *2 Lorbeerblätter*
- *1 EL Erdnussbutter*
- *Kreuzkümmel, gemahlen*
- *schwarzer Pfeffer, gemahlen*
- *Salz*
- *½ Bund Koriander*
- *1 Limette*

Zubereitung:

Zwiebel in feine Streifen schneiden und gemeinsam mit den Lorbeerblättern in Olivenöl bei mittlerer Hitze circa 5 Minuten schmoren. Sellerie, Süßkartoffel und Kartoffeln in 2 cm große Würfel schneiden, Knoblauch und Chili fein hacken und gemeinsam mit den Zwiebeln weitere 5 Minuten schmoren.

Berglinsen und gehackte Tomaten hinzugeben und mit 850 ml Wasser aufgießen. Mit Salz, Pfeffer und Kreuzkümmel abschmecken, die Erdnussbutter unterrühren und mit geschlossenem Deckel bei mittlerer Hitze 25 Minuten kochen lassen. Ab und zu umrühren.

Dann Kichererbsen unterrühren und weitere 5 Minuten kochen lassen.

Zum Schluss den Saft einer halben Limette unterrühren, anrichten und mit frisch gehacktem Koriander servieren.

Mein Tipp: Für noch mehr Geschmack „à la Afrika" fügen Sie zum noch kochenden Eintopf 1 Esslöffel Rosinen hinzu.

Süßkartoffel-Erdnuss-Eintopf

Eintauchen, Abtauchen – das Südseemekka der Unterwasserpilger

Französisch-Polynesien

Fläche: 4.167 km²   **Landessprachen:** Französisch
Einwohner: 283.007   **Währung:** CFP-Franc
Hauptstadt: Papeete   **Höchster Punkt:** 2.241 m (Mont Orohena)

Französisch-Polynesien

… Französisch-Polynesien

Der Ruf des Ozeans

Zugegebenermaßen, ich bin nervös. Und das hat nichts damit zu tun, dass ich fast 48 Stunden Anreise auf mich genommen habe, um hierherzukommen und eigentlich auch noch immer todmüde bin. Sondern ich frage mich, ob ich dieses Abenteuer wirklich auf mich nehmen will, ob mir klar ist, was es heißt, wenn ich mich heute mit einer Rolle rückwärts in diese endlosen blauen Fluten stürzen werde.

Vom Boot aus ist kein wirkliches Land mehr zu sehen, ein Atoll ja, reiner Sand und sonst nichts – über Wasser. Da unten allerdings wird es sehr wohl Leben geben und zwar nicht wenig und auch nicht wirklich die Gefährten, die man sich freiwillig aussuchen würde, wäre man noch ganz bei Verstand. Denn ich bin in der Südsee und werde jetzt gleich das tun, wovor sich jeder Mensch fürchtet, der schon Filme von Schiffbrüchigen gesehen hat: Ich werde ins Wasser gehen und wissen, dass hier sehr viel mehr Haie als Menschen anzutreffen sind.

3-2-1-go, die klare Ansage meines Bootsführers, ich schließe kurz die Augen und dann klatsche ich auf das Wasser. Das Meer ist herrlich, 30 Grad warm, ich zittere trotzdem. Langsam sinke ich tiefer, 5 Meter, 10, 20, ich lande sanft auf einem Sandhügel und begebe mich in Warteposition, so wie es mein erfahrener Tauchguide erwartet, der uns gebrieft hat und ganz locker wirkt. Noch zwei weitere Taucher kauern sich neben mich. Fein, die scheinen sich auch nicht ganz wohl zu fühlen, während wir warten. Nach einer gefühlten Ewigkeit, meine Tauchuhr zeigt aber gerade einmal eine Minute an, sehe ich in etwa vierzig Metern einen grauen Schatten, aha, es stimmt also, da ist einer neugierig und kommt schauen, was gerade ins Wasser geplumpst ist.

Jetzt sehe ich einen zweiten Schatten und plötzlich etwas näher zwei weitere, die aber nicht direkt auf uns zuschwimmen, sondern einen Kreis beschreiben. Jetzt bewegt sich noch mehr, ich beginne weiter zu zählen, zuerst langsam, dann immer schneller, 5, 10, 25, bei 40 höre ich auf, sie sind nicht mehr zu zählen! Mein Herz rast, denn die Haie sind jetzt deutlich auszumachen, kommen immer näher, ohne Eile, mit nicht sichtbarer Bewegung, aber unaufhaltsam – und es werden immer mehr. Jetzt gibt der Guide das Zeichen loszuschwimmen und ich stoße mich von meiner Sandbank ab, halte mich dicht hinter ihm, gleite am ersten Hai vorüber,

Französisch-Polynesien

der mich aber nicht wirklich zu beachten scheint. Ich bewundere die Leichtigkeit, mit der er sich bewegt, bekomme einen wirklich trockenen Hals, als der nächste direkt auf mich zuhält und ganz knapp an meiner linken Seite vorüberzieht, nicht ohne mir zuvor einen langen Blick zuzuwerfen. Diese starren kalten Augen, ich spüre die Gänsehaut und versuche, mich auf das Geschehen vor mir zu konzentrieren, denn jetzt steuert unsere Gruppe auf den echten Bulk zu. Das kann doch nicht wahr sein! Das sind Hunderte! Manche liegen auf dem Sandboden des Meeres und schlafen, viele aber scheinen ziellos dahinzuschwimmen, allerdings genau bedacht darauf, uns nicht zu touchieren, wohl aber oft im Blickfeld.

Mittlerweile sind Haie links und rechts von uns und als ich die Augen kurz nach oben wende, schaue ich direkt in das „lächelnde" Maul eines besonders großen Exemplars. Mein Herz setzt kurz aus, hoffentlich kann der das nicht orten. Ruhig atmen, ein und aus, ein und aus – tatsächlich, es scheint auch für die Haie ganz normal zu sein. Und langsam beginne ich mich zu entspannen. Die Erzählungen haben zwar stark untertrieben, denn es war von zwanzig bis dreißig Haien die Rede, und nicht von mehreren hundert, aber sonst stimmt alles: Sie sind nicht aggressiv, sondern einfach nur in ihrem Revier und neugierig, was das für Wesen sind, die ihnen hier entgegenkommen. Sicher kein Futter, davon schwimmt hier genügend herum, wie ich mich überzeugen kann. Es ist alles voll von kleinen und größeren Fischen in den buntesten Farben, die habe ich nur noch nicht zur Kenntnis genommen, so fixiert war ich auf jene, deren messerscharfe Zähne in jedem Gruselschocker das Blut in den Adern gefrieren lässt.

Diese Haie sind eigentlich auch kleiner als ich, denn mit meinen Flossen komme ich schon auf eine Länge von etwa zwei Metern, das hat hier keiner der Weiß- und Schwarzspitzenhaie und selbst die grauen Riffhaie können es – was die Größe betrifft – kaum mit uns aufnehmen. In den nächsten Tagen erleben wir diese Situation vor Fakarava, so heißt die kleine Insel, immer wieder. Haie so weit das Auge reicht, neugierig, und erbarmungslos, wenn sie sich im Vorteil sehen und hungrig sind. Immer wieder haben wir Zeit, ihr Verhalten zu studieren und können die naturgegebenen Abläufe von Jagd und Koexistenz erkennen. Vor allem aber beginne ich dieses Leben unter Wasser zu genießen. Es ist unglaublich, wie nahe uns die kleinen Fische an sich herankommen lassen, sie blicken direkt durch die Taucherbrille in unsere Augen und zischen erst dann weg, wenn wir bloß noch ein oder zwei Zentimeter von ihnen entfernt sind. Welch ein Urvertrauen sich hier breitmacht. Immer selbstverständlicher wird die Bewegung im Wasser, der Umgang mit allem, was hier an erstaunlichen Kreaturen lebt. Keine Form und keine Farbe, die es hier nicht zu geben scheint. Die Weichkorallen winken mit ihren langen Armen, auf denen sich kleinste Seepferdchen niedergelassen haben, riesige Korallengärten bieten Unterschlupf für Seesterne, Fische und Muscheln und durch all dies gleiten wir hindurch, völlig mühelos, voller Bewunderung für diese Artenvielfalt mit Lebewesen, von deren Existenz sich niemand auf der Erde eine Vorstellung macht. Und das mit dem Gefühl von Ruhe und absoluter Stille, lediglich das Geräusch des eigenen Atems ist auszumachen.

Die Tage abgeschieden von jeglicher gewohnter Zivilisation verändern, lassen die Wichtigkeit vieler Dinge verblassen. Das Handy wird nicht mehr aufgeladen – wozu? Der Computer dient nur noch dazu, um die Unterwasseraufnahmen zu sichten und sich auch noch abends an dem Farben- und Formenrausch zu berauschen. Niemand ist hier noch hektisch oder nervös – ausgeglichen geht es von einem Tauchgang zum nächsten. Allerdings eines fehlt mir noch und jeden Tag warte ich auf die Begegnung mit jenen Lebewesen, von denen ich schon so viel gehört habe, die ich aber in freier Wildbahn noch nie wirklich nah gesehen hatte – nämlich die richtig großen Delfine. Flipper war als Kind meine absolute Lieblingssendung. Meine Taucherfreunde lächeln, wenn ich danach frage. Jede Begegnung habe ihre Zeit und ich versuche dies zu verinnerlichen. So viele herrliche Bilder nehme ich mit von hier, man sollte doch wirklich nicht alles haben wollen.

Und so mache ich mich bereit zu meinem letzten Tauchgang, bevor ich wieder in mein eigenes Leben zurückkehre. Noch einmal die Rolle rückwärts vom Boot und das Eintauchen in dieses fremde Element Wasser, das mir in den letzten Wochen so

Französisch-Polynesien

viel Ruhe gebracht hat. Die Korallengärten ziehen an mir vorüber und wir tauchen tief hinab, dorthin wo die Farben kaum mehr auszumachen sind, wo das große Blau alles ausgleicht, vieles schemenhaft zu werden beginnt. Und plötzlich glaube ich etwas zu hören, etwas das ich nicht zuordnen kann – ist das eine Melodie, wo kommen diese Töne her? Und dann tauchen sie auf, fünf Delfine, ein führendes Weibchen, wie ich später erfahre und sogar ein kleines Baby ist dabei. Entzückt verharre ich mitten in der Bewegung, wende mich den Delfinen zu, die sich uns mit unglaublicher Schnelligkeit unter Wasser nähern und dann plötzlich verharren. Das große Weibchen schwimmt ganz nahe zu mir und ich breite meine Arme aus. Ganz sanft legt sie sich nun zur Seite und beginnt gemeinsam mit mir durchs Wasser zu gleiten, so ruhig, so unaufgeregt, wie selbstverständlich. Zwei so unterschiedliche Wesen, ohne Angst, sondern voller Vertrauen, dreißig Meter unter dem Meeresspiegel – ein unvergesslicher Eindruck.

Noch heute muss ich lächeln, wenn ich daran zurückdenke, denn dieser Urlaub hat mir beide Seiten des Meeres gezeigt, die wilde urzeitliche, angsteinflößende der Haie, aber auch die Kraft und die Verbundenheit des Menschen mit der Natur. Meine Liebe zu den Ozeanen und zu ihren Bewohnern wurde dadurch wohl für immer besiegelt. Es ist ein Ruf, dem man nicht widerstehen kann.

Rezept

Südsee am Teller: Kokos-Fisch Wok

für 2 Person
20 Minuten

Zutaten:

- 250 g Kabeljaufilets ohne Haut
- 2 EL Mandelmehl
- 1 TL Paprikapulver
- 1 EL Erdnussöl
- 200 g Kokosmilch
- 1 TL Austernsauce
- 1 Knoblauchzehe, gepresst
- 1 TL rote Currypaste
- 125 g Kirschtomaten, halbiert
- 1 kleines Glas Bambussprossen (Abtropfgewicht 75 g)
- Salz
- 1 Stängel Basilikum, Blätter groß gehackt

Zubereitung:

Die Fischfilets in mundgerechte Stücke schneiden. Mandelmehl in einer Schüssel mit 1 Teelöffel Salz und Paprikapulver mischen und die Fischstücke darin wenden, bis sie vollständig mit der Panade bedeckt sind.

Erdnussöl im Wok erhitzen und die Fischstücke darin braten, bis sie beginnen an den Rändern braun zu werden.

Die Kokosmilch und Austernsauce mit dem gepressten Knoblauch und der roten Currypaste vermischen. Die Mischung über den Fisch gießen und aufkochen lassen.

Nun die Tomatenhälften und Bambussprossen in den Wok geben und 5 Minuten ziehen lassen.

Vor dem Servieren den Kokos-Fisch-Wok mit dem gehackten Basilikum bestreuen.

Mein Tipp: Achten Sie beim Kauf der Kokosmilch auf die Inhaltsstoffe. Oftmals finden sich viele Konservierungsstoffe und Verdickungsmittel in den herkömmlichen Supermarkt-Produkten, die den Darmbakterien gar nicht schmecken. Am besten greifen Sie zur Bio-Variante aus dem Reformhaus – die ist durch einen höheren Fettanteil von Natur aus dickflüssiger und kommt daher ohne chemische Zusätze aus.

Kokos-Fisch-Wok

Andere Länder, andere Sitten

So schön und faszinierend ferne und exotische Länder auch sein mögen, genauso extravagant scheinen manchmal die Gepflogenheiten der fremdländischen Kultur. Doch nicht nur etwaige Sitten gilt es zu beachten, auch über Religion und Traditionen des jeweiligen Landes sollte man sich vorab informieren.

Oftmals wird ein Verstoß gegen übliche Verhaltensweisen nicht nur mit einem argwöhnischen Blick missbilligt, sondern kann im Ernstfall mit Geldbußen und sogar einem Gefängnisaufenthalt bestraft werden. Um Ihren Urlaub ohne Fauxpas zu genießen, finden Sie im Folgenden die wichtigsten Dos und Don'ts fremdländischer Kulturen. Doch Vorsicht: Sie müssen Ihren Blick gar nicht so weit in die Ferne schweifen lassen – auch innerhalb Europas gibt es länderspezifische Eigenheiten, die es zu beachten gilt.

ASIEN

Süd- und Ost-Asien

Begrüßung

In den meisten Ländern Asiens begrüßt man sich nicht mit dem üblichen Händedruck, sondern mit einer kleinen Verbeugung, bei der man auch den direkten Augenkontakt mit seinem Gegenüber meidet. Die Verbeugung der beiden Begegnenden sollte in etwa gleich tief sein, ansonsten könnte das vom Gegenüber als Demütigung empfunden werden. Generell ist zu langer und intensiver Augenkontakt – im wahrsten Sinne des Wortes – ungern gesehen und kann schnell als taktlos empfunden werden.

Auch körperlicher Kontakt, wie zum Beispiel ein Schulterklopfen, wird eher als aufdringlich erachtet. In Thailand gilt der Kopf als Heiligstes des menschlichen Körpers. Denken Sie daran, falls Sie den Drang verspüren, einem Kind über den Kopf zu streicheln – dieses Recht gebührt ausschließlich den Eltern!

„Ja" und „Nein"

Die Japaner nutzen nicht nur den Kopf zum Ausdruck von „Ja" und „Nein", sondern auch die Hände. Mit denen wedeln sie bei der Verneinung scheibenwischerähnlich vor dem Gesicht hin und her. In Indien drückt das wohlbekannte Wiegen des Kopfes Zustimmung aus. Gleichermaßen wird auch im benachbarten Pakistan ein „Ja" signalisiert.

Hausregeln

In den meisten asiatischen Haushalten ist es selbstverständlich, die Straßenschuhe vor dem Betreten des Hauses abzulegen – soweit so gut. Doch man beachte, dass in Japan beim Betreten des Badezimmers bzw. der Toilette eigens dafür vorgesehene Schuhe angezogen werden – die sogenannten Toilettenschuhe.

Tischmanieren

Besondere Benimmregeln gilt es bei den fremdländischen Tischmanieren zu beachten. Gilt Schmatzen und Rülpsen in unseren Kreisen als Unart, so signalisiert es im Osten der Welt, dass das Essen besonders gut schmeckt. Aber: Auch wenn das Mahl noch so gut mundet, dürfen die Speisen auf dem Teller niemals ganz leer gegessen werden, denn das signalisiert dem Gastgeber, dass er zu wenig Essen angeboten hat. Gewöhnungsbedürftig ist auch das gelegentliche Spucken auf den Boden, das in China ganz alltäglich ist. Naseputzen bei Tisch ist hingegen in asiatischen Ländern nicht gerne gesehen.

Ein weiterer Punkt, den es vor allem in Indien zu beachten gilt, ist das Essen mit der „richtigen Hand". Denn häufig wird in Indien das Besteck in der Schublade gelassen und stattdessen mit den Fingern gegessen. Die linke Hand gilt als unrein, darum bitte nur mit der rechten zulangen. In Thailand gelten nicht die Hände, sondern die Füße als unrein, weshalb stets darauf zu achten ist, niemandem die Fußsohlen entgegenzustrecken.

Sightseeing

Zeigen Sie nicht zu viel Haut beim Besuch von Tempeln und Heiligtümern! Um beim Sightseeing auf der sicheren Seite zu sein, greifen Sie zu knielanger, dezenter Kleidung. Vorsicht mit der Farbe Weiß, denn sie gilt in fernöstlichen Ländern als Trauerfarbe. Schuhe und Kopfbedeckung müssen vor dem Betreten der Tempel abgelegt werden. Auch beim Fotografieren ist darauf zu achten, den Göttern ehrfürchtig gegenüberzutreten, so wird es nicht gerne gesehen, wenn man sich mit dem Rücken zu einer Statue der Heiligkeiten fotografieren lässt.

Andere Länder, andere Sitten

ASIEN

Naher Osten

„Ja" und „Nein"

Auch in den arabischen Ländern zeigt sich eine, für uns Europäer eher ungewöhnliche Gestik bei der Verneinung. Hier wird „Nein" mit dem Zurückwerfen des Kopfes kommuniziert.

Sightseeing

Kamera an! Oder lieber doch nicht? Vor allem in muslimischen Ländern ist, was das Fotografieren angeht, Vorsicht geboten. Lassen Sie auf Flughäfen, Bahnhöfen, Polizeistationen oder in der Nähe von militärischen Anlagen den Fotoapparat lieber eingepackt. Auch in religiösen Gebets- und Gedenkstätten ist die Kamera nicht gerne gesehen bzw. fotografieren häufig gänzlich untersagt. Nicht nur das Kamerablitzlicht stößt auf Missbilligung, auch das hervorblitzen „nackter" Haut wird in vielen muslimischen Ländern als Affront aufgefasst. Enge Shirts und kurze Röcke sind absolut tabu. Packen Sie fürs Sightseeing lieber Röcke ein, die zumindest das Knie bedecken und Blusen mit Ärmeln. Vermeiden Sie auch das sichtbare Tragen von religiösen Symbolen, wie zum Beispiel Ketten mit Kreuzanhängern. Auch beim Sonnenbaden ist es nicht üblich, mehr zu zeigen, als der (konservative) Bikini zulässt – „oben ohne" ist ein absolutes No-Go!

Vorsicht beim Verzehr von alkoholischen Getränken: In den Vereinigten Arabischen Emiraten ist Alkohol in der Öffentlichkeit nicht nur ungern gesehen – wer über den Durst trinkt und betrunken durch die Straßen streift, kann im Gefängnis landen.

AMERIKA

Nord- und Südamerika

Strandsitte

Auch im sonst so freizügigen Südamerika sollten sich Urlauber eher bedeckt halten. Beim Sonnenbaden auf öffentlichen Stränden wird „oben ohne" nicht gerne gesehen. Lediglich auf hoteleigenen Stränden darf die Sonne „großflächiger" genossen werden.

Tischmanieren
Please wait to be seated: In den USA ist es üblich, sich in einem Restaurant den Platz nicht selbst auszusuchen, der Kellner geleitet hier zu Tisch. Das Trinkgeld wird oft bereits der Rechnung automatisch aufgeschlagen und beträgt circa 10–15 Prozent der Summe der Konsumation. In den USA wird es eher ungern gesehen, wenn man nach dem Essen noch lange den Tisch „blockiert". Also essen, zahlen und nichts wie weg!

Sightseeing
Mit Alkohol darf man sich in den USA keinen Spaß erlauben – schon gar nicht auf öffentlichen Plätzen und Straßen. Sogar im Mietwagen dürfen Sie Alkohol nicht augenscheinlich mitführen – in den USA wird der Hochprozentige im Kofferraum transportiert.

EUROPA

Begrüßung
In Frankreich wird bei der Begrüßung auf die Wange geküsst – nicht anders als bei uns. Doch ganz so simpel läuft das „Küsschen rechts, Küsschen links" bei den Franzosen nicht ab. Je nach Region unterscheidet sich nämlich sowohl die Seite, auf die zuerst geküsst wird, als auch die Anzahl an Küsschen. Übrigens: Gebusselt wird auch unter Männern. Auch in Spanien werden „Besos" – Küsschen auf die Wange – dem klassischen Händedruck vorgezogen.

Polen zeigt sich in puncto Begrüßung von einer besonders höflichen Seite: Frauen werden hier nämlich noch mit einem Handkuss begrüßt – ein Ausdruck von großem Respekt. Aber bitte nehmen Sie das nicht zu wörtlich – der Handkuss wird lediglich angedeutet.

„Ja" und „Nein"
Ja und nein – alles ganz anders in Bulgarien. Hier erfolgt die Bejahung bzw. Verneinung nämlich genau umgekehrt: Das Kopfschütteln drückt Zustimmung aus, das Nicken meint „Nein".

Tischmanieren

Weniger um Manieren, vielmehr um Etikette geht es bei den Italienern in Bezug auf die Pasta ihrer heißgeliebten Mama – und die isst man richtig ausschließlich mit der Gabel. Es ist sowohl verpönt einen Löffel zu Hilfe zu nehmen, als auch die Spaghetti klein zu schneiden. Ausgenommen von dieser Tischmanier sind lediglich Kleinkinder.

Sightseeing

In puncto Kleidung ist Europa sehr tolerant. Die einzige Ausnahme ist das Flanieren durch die Metropolen im Badeoutfit. Immer wieder werden Touristen in Barcelona oder auf Mallorca aufgrund dieses Fauxpas mit Geldstrafen abgemahnt.

Wer hätte das gedacht? Ja, auch beim gemütlichen Bierchen in britischen Pubs gibt es etwas zu beachten. Hier können Sie nämlich lange auf Bedienung warten, üblicherweise herrscht im Pub Selbstbedienung. Bevor Sie aber bestellen, sollten Sie sich genau überlegen, was Sie haben möchten, denn „Ein Bier, bitte" reicht hier nicht aus – dafür ist die Vielfalt an Gebrautem viel zu umfangreich. Bezahlt wird, wie bei Selbstbedienung üblich, sofort und (meist) ohne Trinkgeld. Sie möchten sich trotzdem dem Barkeeper gegenüber erkenntlich zeigen? Dann geben Sie ihm/ihr doch ein Bier aus. Auch in einigen europäischen Ländern gilt: Kein Genuß von alkoholischen Getränken auf öffentlichen Plätzen – so zum Beispiel in Polen.

AFRIKA

Begrüßung

„Schau mir in die Augen, Kleines!" – nicht so in Afrika! Hier gilt es als respektlos mit seinem Gegenüber beim Gespräch Blickkontakt zu halten. Besonders bei älteren Personen ist der Augenkontakt unangebracht. Kommunikation ist in Afrika – besonders bei der ursprünglichen Bevölkerung – generell ein spannendes Themenfeld. Zum Beispiel drücken die Massai ihrn Interesse am anderen Geschlecht durch die Farbe und Form seines Perlenschmucks aus.

„Ja" und „Nein"

Auch in Afrika zeigen sich hinsichtlich des Ausdrucks von Zustimmung und Verneinung Unterschiede zur uns geläufigen Gestik. In Äthiopien zum Beispiel signalisiert das Zurückwerfen des Kopfes ein „Ja".

Das Schöne an all diesen Unterschieden: Es gibt Ihnen einen Grund sich auf Ihre Reise vorzubereiten! Dies erhöht nicht nur die Vorfreude auf den Urlaub, sondern man kann sehr viel gelassener der Begegnung mit für uns ungewöhnlichen Sitten und Gebräuchen entgegenblicken.

Endlich...
Die innovative Lösung bei Jucken und Brennen

OMNi-BiOTiC® FLORA plus+:
Einfach trinken zur diätetischen Behandlung der gestörten Vaginalflora.

WIE VON DER NATUR VORGESEHEN

Institut AllergoSan

Institut AllergoSan Pharmazeutische Produkte Forschungs- und Vertriebs GmbH
Diätetisches Lebensmittel für besondere medizinische Zwecke (Bilanzierte Diät)

www.omni-biotic.com

Unendliche Weiten – geteilt mit den großen Bären

Alaska

Fläche: 1.717.854 km²
Einwohner: 739.795
Hauptstadt: Juneau

Landessprachen: Englisch
Währung: US-Dollar
Höchster Punkt: 6.190 m (Denali)

Alaska

Unterwegs mit den Grizzlys

Anlässlich meines runden Geburtstags habe ich mir einen langjährigen Traum erfüllt – nämlich eine Reise nach Alaska, um mit den Grizzlys zu fischen!

Meine Nervosität stieg mit jeder E-Mail, die ich vom World Wildlife Fund erhielt, denn diese Organisation bietet ihren Mitgliedern unter anderem an, in einer kleinen Gruppe von acht Personen mit einem Guide durch die Wildnis Alaskas zu streifen und dabei die riesigen Braunbären zu beobachten, wie sie von den Bergen hinabsteigen, um jene Lachse zu fangen, die zum Ablaichen aus dem Meer in die eisigen Flüsse Alaskas zurückkehren. So gefährlich Grizzlybären normalerweise sind, in diesen zwei Monaten, in denen das Naturschauspiel der Lachswanderung stattfindet, sind sie friedlich und vollkommen darauf konzentriert, sich von ihren über den Winter abgemagerten 400 bis 600 Kilogramm wieder auf etwa 1.000 Kilogramm hinaufzufuttern. Eine Notwendigkeit, wenn man an die schneereichen Winter Alaskas denkt, in denen die Bären über sechs Monate ihren Winterschlaf halten.

Meine Mutter war aufgebracht: „Was?! Du willst dich in die Nähe dieser Grizzlybären wagen, die dich mit einem einzigen Schlag ihrer Pranke ins Jenseits befördern? Du hast noch nie ein Gewehr getragen! Das ist ja der sichere Tod!" Ich traute mich nicht, ihr zu sagen, dass niemand ein Gewehr tragen würde, denn die Ranger in Alaska setzen auf ihre Erfahrung mit diesen mächtigen Raubtieren und meinen, keine Schusswaffen zu benötigen. Ich brach schließlich mit einem mulmigen Gefühl auf.

Am Flughafen in Anchorage erwartete uns dann zuerst einmal ein ausgestopfter Moose in unglaublicher Größe, und während ich ihn noch bewunderte, tippte mir plötzlich mein Sohn auf die Schulter und deutete nach vorne. Dort stand etwas: braun, pelzig, mit riesigen Krallen – und gute vier Meter hoch: ein Grizzly. Ich las das Schild und meinte mit etwas belegter Stimme: „Na gut, aber das soll einer der größten sein, der je geschossen wurde …"

In Kodiac, einer hübschen Stadt mit bunten Häusern und einem großen Hafen voller Fischerboote, waren die Grizzlys fast vergessen. Denn gleich nach der Ankunft erlebte ich etwas Spektakuläres: Direkt über der Straße hatte es sich ein riesiger Adler auf einer Straßenlampe gemütlich gemacht. Genau der, den man vom

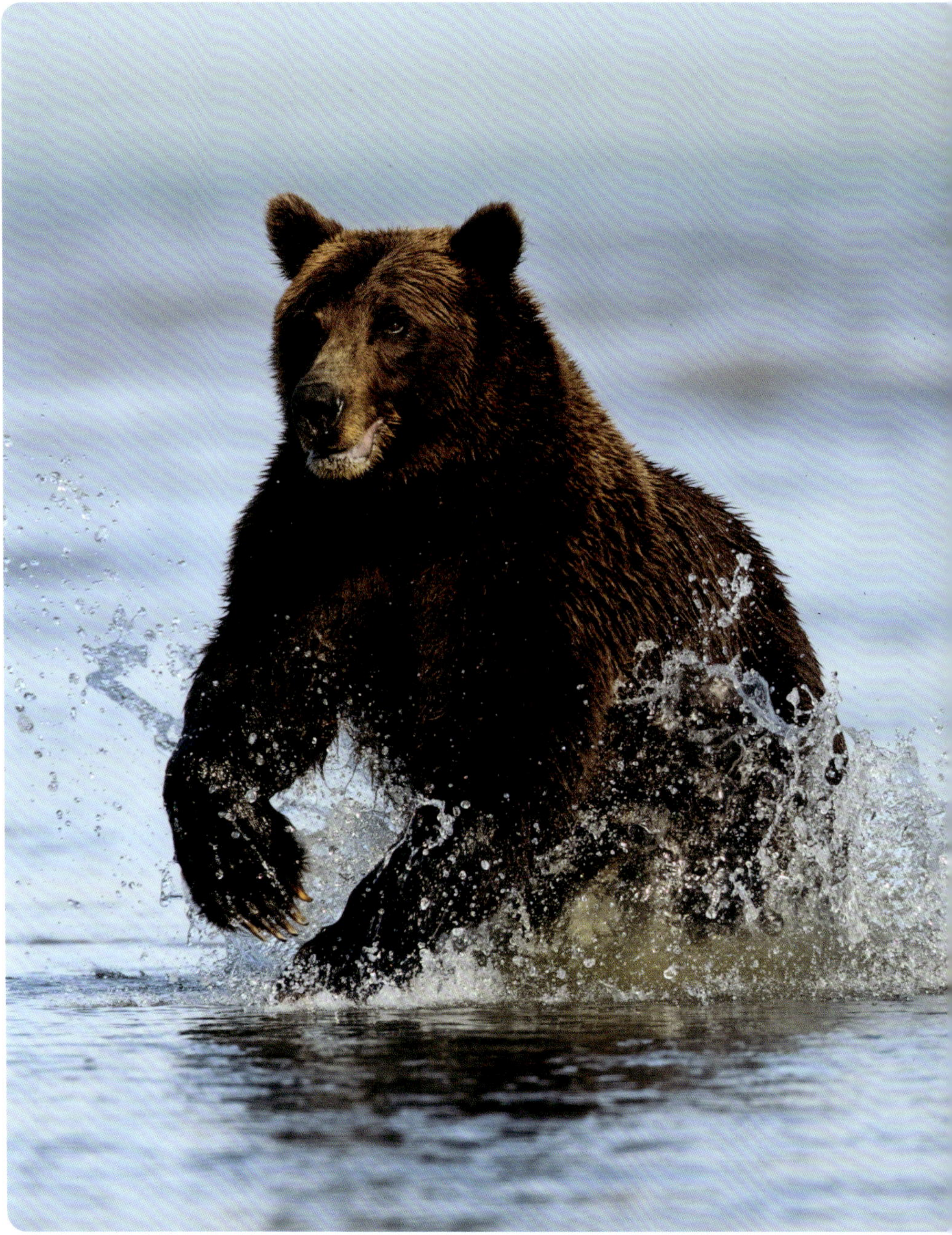

Wappen der USA kennt, äugte mit seinem weißen Kopf auf mich herunter, breitete zwischendurch einmal den linken und dann den rechten Flügel aus, als wollte er seine Größe demonstrieren, steckte dann den Hakenschnabel unter sein Gefieder und hielt ein Nickerchen, obwohl die Autos direkt unter ihm vorbeifuhren.

Der erste Spaziergang in Alaska führte dann gleich auf ein Boot, an Bord hofften wir auf eine Walsichtung. Zuerst sahen wir aber einmal Seelöwen, die sich in der Sonne räkelten, und auch wir machten es uns auf Deck gemütlich, lachten über die verspielten Fischotter, bis wir plötzlich den Ruf hörten: „Wal bläst!" Und es war nicht nur einer, sondern es waren vier Wale, die majestätisch an uns vorüberzogen, immer wieder für einige Minuten im Wasser verschwindend, dann erneut auftauchend und mit einem eleganten Schlag ihrer riesigen Schwanzflosse sich wieder in den Fluten versenkend. Ein wundervolles Erlebnis, diese riesigen Tiere in ihrer unglaublichen Eleganz zu sehen, mit der sie sich im Wasser trotz dieser Größe bewegen – wahrlich majestätische Geschöpfe.

Am nächsten Morgen ging es dann los. Auf der Fahrt zum Wasserflugzeug waren wir alle schweigsam. Niemand von uns hatte jemals einen Grizzlybären in freier Wildbahn gesehen, nur die Geschichten von ihrer Gefährlichkeit gelesen. Unser Guide empfing uns auf einem Krabbenkutter, der für die nächste Woche unser karges Heim werden sollte, und begann erst einmal, uns mit Watthosen und Wattschuhen auszustatten, denn er meinte, die schönsten Bärensichtungen gebe es überall dort, wo viele Flüsse zusammenkämen und wir die Grizzlys besonders gut aus der Nähe betrachten könnten. Langsam stieg nun die Vorfreude, und als uns das Boot schließlich an einem einsamen Strand des Katmai Nationalparks absetzte, genossen wir zuerst einmal die wunderschöne Natur mit ihren hohen Bergen, den endlosen Wäldern und Wiesen, die an manchen Stellen von gelben Blumen geradezu überwuchert wurden, und lauschten der Vielzahl unterschiedlicher Vogelrufe.

Nach etwa einem Kilometer der schweigsamen Wanderung kamen wir an eine Stelle, wo tatsächlich viele kleine und größere Bäche sich mit munterem Gurgeln ins Meer ergossen. Dazwischen waren große Inseln aus Schotter, saftige Wiesen und – in etwa einem Kilometer Entfernung – der erste Bär. Doch was tat dieser? Ich zog das Fernglas heraus und traute meinen Augen nicht: Der Bär graste! Gemütlich stand er da und stopfte sich büschelweise das saftige Gras ins Maul. Unser Ranger sah meine Verblüffung, lachte übers ganze Gesicht und meinte nur: „Na klar, zum Fisch gibt es auch Salat!"

Nun packten wir unsere kleinen Campinghocker aus und warteten. Nach wenigen Minuten stieß mich mein Sohn an und deutete nach links. Denn genau um jene Biegung, die wir vor kurzem umrundet hatten, kam jetzt ein Bär daher getrottet, und zwar schnurstracks auf den Bach zu, den wir durchwatet hatten. Er betrachtete aufmerksam die Wasseroberfläche. Plötzlich ein Platschen, und er hatte sich ins Wasser geworfen, doch Fehlanzeige, der Lachs war ihm entkommen. Er richtete sich auf, sprang dem Fisch nach, wieder und wieder spritzte das Wasser hoch, und dann hatte er ihn. Triumphierend watete er zurück ans Land mit einem großen Fisch im Maul und begann dort, als Erstes den Kopf zu verspeisen. Wir hörten ihn schmatzen und hatten in unserer Faszination vollkommen übersehen, dass inzwischen ein zweiter viel größerer Bär aufgetaucht war.

Er stieß ein Grunzen aus, und der erste Grizzly riss nun den Kopf in die Höhe, drehte sich um und begann zu rennen, mit dem Fisch im Maul, der Große hinter ihm her. Das Tempo dieser massigen Tiere war atemberaubend, in wenigen Sekunden schienen sie die ganze Strecke bis zu unserem Boot zurückzulegen, und der Große holte auf. Plötzlich blieb unser erfolgreicher Fischer stehen, ließ seinen Fisch fallen und trottete einfach weg! Der Große verlangsamte seine Geschwindigkeit, setze sich gemütlich auf die ausgestreckten Hinterbeine und begann den soeben eroberten Fisch mit sichtlichem Genuss zu verspeisen. Und der Verlierer kam nun direkt auf uns zu, er war nur noch 100 Meter entfernt! Ich riss die Videokamera hoch und drückte auf den Auslöser. Näher, näher, das gibt´s doch gar nicht, er hält direkt auf uns zu, was will er von uns? Ohne anzuhalten, nur ab und zu mit einem Seitenblick trottet er heran – und bleibt dann plötzlich stehen, keine zwei Meter vor meinem Sohn. Eine Ewigkeit lang schaut er ihn an, macht dann eine Drehung und wirft sich plötzlich wieder ins Wasser: Der nächste Fisch ist dran!

Die Tage vergehen mit wunderbaren Erlebnissen mit diesen Bären. Nach wenigen Begegnungen können wir sie unterscheiden, sehen die sehr viel kleineren Weibchen und die zum Teil riesigen männlichen Grizzlys. Keiner von ihnen scheint jemals gefährlich. Sie akzeptieren uns als einen Teil der Natur, mit Respekt, aber ohne Angst – und genauso ergeht es uns. Wir erfreuen uns an ihrem Gehopse im Wasser – sie tollen herum wie kleine Kinder – und möchten am liebsten applaudieren, wenn einer es schafft, in wenigen Minuten gleich fünf große Lachse zu fangen und zu vertilgen. Ihr Appetit ist grenzenlos!

Die ergreifendsten Momente aber verleben wir mit einer Mutter von zwei etwa einjährigen Grizzly-Jungen. Sie ist wirklich dünn und ausgezehrt, hat in den Wintermonaten für ihre Jungen alles aufgebraucht und benötigt jetzt dringend selbst Futter. Aber auch die Kleinen sind hungrig, doch sie können noch nicht selbst fischen. Jammernd stehen sie am Ufer des Baches und beobachten ihre Mutter, die sich abmüht. Bei jedem Versuch zieht sich mir das Herz zusammen, man sieht förmlich, wie schwer es der jungen Mutter fällt, immer wieder nach den blitzschnell davonschießenden Lachsen zu schnappen.

Aber sie lässt in ihren Bemühungen nicht nach, und dann gelingt es ihr, sie erhebt sich triumphierend auf die Hinterbeine und zeigt ihren Jungen den Fang. Diese ahmen die Bewegungen der Mutter nach, stellen sich ebenfalls auf die Hinterbeine und scheinen vor Freude in die Pfoten zu klatschen. Nach sieben Lachsen scheinen alle zufrieden. Mit blutbeflecktem Fell kommt die Grizzlymutter zu ihren Jungen, schleckt dem einen über die Nase, schmiegt den Kopf an die Wange des anderen und verlässt dann gemeinsam mit den Kleinen die Bäche in Richtung der Berge, um das Nachtlager aufzusuchen.

So legt sich die Anspannung. Viele Eindrücke von der Natur werden mir in Erinnerung bleiben: die majestätischen Gebirgszüge in den hellen Nächten, die klaren Bäche, in denen man unglaubliche Scharen an Fischen sieht, die alle bergauf drängen, zurück zu dem Ort, an dem sie geboren wurden, und die rauschenden Wälder, die nirgendwo von einer Ansiedlung unterbrochen sind. Aber vor allem diese Grizzlys: Sie gehören zu den mächtigsten Raubtieren der Erde, sind angsteinflößend und unberechenbar, aber auch verspielt, tollpatschig und voller spürbarer Liebe zu ihren Jungen. Ein Erlebnis, das noch viele meiner Träume bereichern wird.

Rezept

Ein guter Fang: Alaska-Seelachs-Puffer

für 2 Personen
20 Minuten

Zutaten:

- *400 g Seelachsfilet*
- *3 Eier*
- *1 große Zwiebel*
- *2 Zehen Knoblauch*
- *1 EL Stärke / Kokos- oder Mandelmehl*
- *4 EL Kokosöl (zum Anbraten)*
- *2 EL Senf*
- *1 EL Zitronensaft*
- *1 Brise Paprikapulver*
- *Salz*
- *Pfeffer*

Zubereitung:

Das Seelachsfilet in kleine Stücke schneiden. Dann die Zwiebel und Knoblauchzehen fein hacken.

In einer großen Schüssel alle Zutaten miteinander vermengen und je nach Bedarf und Beschaffenheit der Masse noch etwas Stärke bzw. Kokos- oder Mandelmehl zugeben. Die Fischmasse sollte so beschaffen sein, dass sich daraus leicht Puffer formen lassen.

Nun das Kokosöl in der Pfanne erhitzen und die geformten Puffer auf jeder Seite goldbraun anbraten.

Mein Tipp: Um den Geschmack der Lachspuffer perfekt abzurunden, mengen Sie einen Bund Dille mit unter die noch rohe Fischmasse. Da sich der typisch-aromatische Geschmack des Krauts durch die Hitze leicht verflüchtigt, können Dill-Liebhaber auch das frischgeschnittene Kraut direkt vor dem Servieren über die Puffer streuen – so bleibt nicht nur der Geschmack erhalten, sondern auch die enthaltenen Vitamine A und C.

Alaska-Seelachs-Puffer

Das Manta-Paradies im Südpazifik
Insel Yap / Mikronesien

Fläche: 702 km²
Einwohner: 104.000
Hauptstadt: Palikir

Landessprachen: Englisch, Yapesisch, Pohnpeanisch, Kosraeanisch, Chuukesisch, Ulithisch, Woleaianisch
Währung: US-Dollar • **Höchster Punkt:** 791 m (Dolohmwar)

Mikronesien

Mikronesien

Wenn Steine Reichtum bedeuten

Aug' in Aug' mit den legendären Mantarochen, in einem Regenwald voller prächtiger Blumen, hingerissen von traditionellen Tänzen – ein kleines Paradies: die Insel Yap in Mikronesien. Eine wunderbare Harmonie von Vergangenheit und Gegenwart wird spürbar, mit Steingeld als Symbol für Reichtum.

Der schwarze Schatten bewegt sich auf mich zu, vollkommen geräuschlos, die Flügel weit ausgebreitet, daneben ein zweiter, und dahinter noch einer. Ich bewege mich nicht, bleibe auf dem Rücken liegen und atme so ruhig wie möglich. Jetzt ist der erste bei mir, gleitet im Abstand von etwa einem Meter über mir, jetzt sehe ich es auch, die gut drei Meter Flügel sind nicht ganz schwarz, er hat weiße Linien und Streifen drauf, die ich aus der Ferne nicht gesehen habe. Jetzt ist er über mich hinweggeglitten, und der zweite knapp vor mir öffnet sein riesiges, rechteckiges Maul und stoppt direkt über mir ohne die geringsten Anzeichen einer Bewegung, doch ein Auge wendet er mir zu und scheint mich neugierig zu beäugen, dann dreht er langsam ab. Die riesigen Mantarochen haben akzeptiert, dass wieder einmal menschliche Wesen das Riff mit ihnen teilen. Viele Jahre habe ich davon geträumt, diese majestätischen Meeresbewohner aus nächster Nähe sehen zu können – und es ist einfach atemberaubend, wie elegant und mühelos sie sich trotz ihrer Größe (manche erreichen ein Gewicht von 1.500 kg) am Meeresgrund entlang bewegen.

Vor zwei Tagen erst bin ich hier auf Yap angekommen, und schon erlebe ich das, wovon ich bisher nur in vielen Erzählungen gehört hatte. Denn Mantas üben auf Taucher eine unglaubliche Faszination aus, sie scheinen Menschen nicht etwa zu fürchten sondern im Gegenteil immer wieder ihre Nähe zu suchen. Und die Insel ist berühmt für die dichte Population an diesen riesigen Rochen in ihren Gewässern. Doch dieser winzige Staat mit seinen knapp 15.000 Bewohnern hat sich mir bereits am ersten Tag als Paradies präsentiert. Nicht nur weil rundum der Regenwald mit prächtigen Blumen wuchert und die einzige Straße, die es rund um die Insel gibt, geradezu atemberaubende Ausblicke auf das schimmernde Meer bietet, es ist die Freundlichkeit seiner Menschen, die bezaubert. Die Selbstverständlichkeit, mit der jeder Gast als Freund gesehen wird, für den man gleich einmal zu einem Schwätzchen das Auto anhält, denn die Höchstgeschwindigkeit liegt hier ohnedies nur bei 30 Meilen in der Stunde, wirklich eilig scheint es hier niemand zu haben.

Mikronesien

Die junge Minja, die mir mein Frühstück serviert hat, treffe ich nämlich bei meinem ersten Spaziergang in der Stadt, als sie mit dem Auto unterwegs ist zum Einkaufen. Den kleinen Mike hat sie gerade an ihre Brust gelegt zum Trinken, mit einer Hand stützt sie sein Köpfchen, mit der anderen lenkt sie das alte Fahrzeug, das aber in diesem Augenblick ohnedies das einzige weit und breit ist. Sie gibt mir noch einen Tipp, wo ich das Postamt und den Supermarkt finde und tuckert dann weiter – meine Augen folgen ihr erstaunt. Und dieses Staunen mit großen Augen ist sicherlich der häufigste Gesichtsausdruck für die nächsten Tage. Denn als ich den Supermarkt betrete, glaube ich meinen Augen nicht trauen zu können, da stehen zwei Frauen und tratschen mit der Kassiererin, was nichts Besonderes wäre, aber alle drei sind oben ohne! Die Röcke reichen fast bis zum Boden, doch traditionellerweise tragen die Yapesinnen keine Oberbekleidung. Minja erklärt mir am nächsten Morgen, dass es nur vollkommen unmöglich wäre, mit einem kurzen Rock aus dem Haus zu gehen, aber die Brust zu bedecken – wozu? Ich vergrabe alle meine Shorts wieder im Koffer, damit läge ich hier wohl total daneben. Die Knie sind nämlich hier das was man sexy findet!

Doch jetzt ist meine Neugier erst so richtig geweckt und ich beginne, mir die Insel zu erwandern, um mehr von den Einheimischen und ihrem Leben zu sehen. Das ist nicht nur ein Farbenrausch aufgrund der prächtigen Blumen, die jede Familie rund um Haus und Dorf zieht, sondern auch sehr einfach, denn von jedem Ort zum nächsten sind auf der gesamten Insel, die ja schon seit tausenden von Jahren vom Volk der Yapesen. Bewohnt ist, Steinwege angelegt. Vor gar nicht langer Zeit war dies ein sehr kriegerisches Volk, weshalb kein Fremder ihre Dörfer betreten konnte, und tatsächlich war es üblich, ein großes Farnblatt am Eingang des Ortes hoch in die Luft zu halten und so ein Dorf zu betreten – schließlich ist es nicht so einfach, gleichzeitig einen Speer zu schleudern und mit einem Farnblatt zu wedeln. Ich übernehme die Idee einfach, um bei allen sicherzustellen, dass ich friedliche Absichten habe. Doch die Menschen hier sind schüchtern, wie ich im Reiseführer lese, ich sehe bei meinen Wanderungen oft nicht eine einzige Menschenseele.

Was ich aber sehr wohl sehe, sind riesengroße Steinscheiben vor einigen Häusern – und sie sind es, weshalb Anthropologen aus der ganzen Welt hierher nach Yap kommen, denn hier lebt das einzige Volk, bei dem sich über die Jahrtausende die Bedeutung von Steingeld erhalten hat. Nun gut, es ist keine internationale Währung, aber für Yapesen hat es nicht nur traditionellen Wert sondern ist tatsächlich Zahlungsmittel für den Erwerb von Grund und Boden.

Diese Steinscheiben mit symmetrischer Meißelung und einem Loch in der Mitte welches zum Transportieren diente, können einen Durchmesser von bis zu 4 Metern haben, doch das ist nicht entscheidend. Der Wert dieses Steingelds hängt nämlich davon ab, wie viel Mühe es machte, die Steine nach Yap zu bekommen, denn das Material dafür stammt von der Insel Palau, die etwa 300 Seemeilen entfernt liegt und die Überfahrt im Kanu war äußerst gefährlich. Heute wird das Steingeld nicht mehr bewegt, doch es zeigt den Status und vor allem den Reichtum einer Familie an, und es gibt tatsächlich eine „Steingeldbank", in welcher das meiste Steingeld aufbewahrt wird. Sie hat keine Mauern und man darf sie auch betreten, ganz klar – wer schafft es schon diese Tonnen in der Reisetasche zu verbergen?

Mikronesien

Besonders oft sehe ich dieses Steingeld vor wunderschön geschnitzten Holzhäusern mit hohem Giebel und meine liebe Minja erzählt mir, dass dies die „Männerhäuser" sind. Mein Grinsen und die Frage, ob das etwas damit zu tun habe, dass die männlichen Einheimischen, die traditionelle Wickelröcke tragen, tatsächlich auch alle kunstvoll geflochtene Basthandtaschen mit sich herumtragen, nimmt sie mir nicht übel, zuckt aber nur die Schultern, wofür diese Häuser tatsächlich dienen.

Also frage ich meinen einheimischen Tauchguide Sami, der auch so einen „Thuus" um die Hüften gewickelt hat. Mit ernster Miene erklärt er mir, dass diese Häuser – „Faluw"genannt – wichtig für ihre Tradition sind: Sie dienen als Treffpunkt, um Geschichten zu erzählen und es ist ein Ort des Lernens. So geben z.B. die Ältesten des jeweiligen Dorfes in ihren Männerhäusern ihre Fähigkeiten und ihr Wissen an die Jugend weiter und unterrichten sie im Handwerk oder in der Kunst des Fischens oder des Segelns. Die Männer müssten auch die Nacht in diesem Haus verbringen, wenn sie vorhaben, am nächsten Tag zum Fischen zu gehen.

„Oh ja", meine ich „das bringt mich auf eine gute Idee. Fischen ist eines meiner Lieblingshobbys! Das könnten wir morgen machen". Jetzt schaut mich Sami wirklich entsetzt an. Das sei unmöglich! Denn Fischen ist eine rein männliche Tätigkeit. Frauen dürfen nicht einmal bei den Vorbereitungen dabei sein! Wir bleiben also vorerst beim Tauchen, das mit den tanzenden Mandarinfischen und einer großen Haipopulation ohnedies auch abseits der Mantarochen zu begeistern weiß.

Um mir etwas Besonderes zu bieten, lädt Sami mich in sein Dorf ein, da am Nachmittag die traditionellen Tänze geübt werden. Auf Yap ist Tanzen eine Art Kunstform, durch welche ihre Legenden weitergegeben werden. Die Yapesen, egal ob männlich oder weiblich, erlernen früh diese Tradition – und es ist ein Fest für die Augen. Alle tragen bunte traditionelle Gewänder, manche Tänzer sind mit Bambusstäben bewaffnet. Da ähnelt der Tanz dann schon sehr einer Kampfsportart. Es gibt aber auch Tänze, die im Sitzen ausgeführt werden und bei diesem „Parngabut" tanzen eigentlich nur die Hände. Was jedenfalls wichtig ist – genau wie bei uns, gibt es zu diesen Gelegenheiten wunderbares Essen, vielfach mit Kokos verfeinert, in Bananenblättern gegart oder auch am offenen Feuer zubereitet. Jetzt ist die Schüchternheit der Fremden gegenüber rasch abgelegt. Mit einem Baby, das in meinem Schoß eingeschlafen ist, und dem rhythmischen Gesang im Ohr fühle ich die wunderbare Harmonie aus Vergangenheit und Gegenwart die den Menschen auf Yap ein Paradies auf Erden geschenkt hat.

Rezept

Inselfeeling pur:
Gegrilltes Thunfischsteak im Bananenblatt

für 2 Personen
60 Minuten

Zutaten:

- 2 Thunfischsteaks à 200 g
- 1 Pkg. Bananenblätter
  (z.B. aus dem Asia-Laden)
- 30 g Ingwer
- 2 Knoblauchzehen
- 1 rote Peperoni
- 1 Stängel Zitronengras
- 1 Bund Minze
- 1 Bio-Limette
  (mit verzehrbarer Schale)
- 4 EL Olivenöl
- Salz
- Schwarzer Pfeffer

Zubereitung:

Grill vorheizen.

Währenddessen für die Marinade der Thunfischsteaks den Ingwer schälen und fein hacken. Knoblauch, Peperoni, Zitronengras und Minzblätter ebenfalls fein hacken. Die Schale der Limette abreiben und den Saft auspressen.

In einer großen Schüssel alle Zutaten für die Marinade mit Olivenöl vermengen und mit Salz und Pfeffer abschmecken. Die Thunfischsteaks in der Marinade wenden und zugedeckt für ca. 30 Minuten ziehen lassen.

Den marinierten Thunfisch nun auf jeweils ein Bananenblatt legen und wie ein Geschenk verpacken. Das Päckchen mit Schaschlik-Spießen fixieren, dabei aber nicht ins Steak einstechen.

Nun das Päckchen für je Minuten pro Seite auf den Grill legen und schon haben Sie das Inselfeeling bei sich zuhause.

Mein Tipp: Sollten Sie im Asia-Laden keine frischen Bananenblätter bekommen, greifen Sie zur Tiefkühlvariante. Lassen Sie die Blätter auftauen und breiten Sie sie dann vorsichtig aus. Die ausgebreiteten Bananenblätter dann mit etwas Olivenöl bepinseln und bei geringer Hitze direkt auf die Herdplatte legen, bis sich die Konsistenz merklich verändert. So schmeckt auch die Tiefkühlvariante herrlich aromatisch!

Gegrilltes Thunfischsteak

○ Selbst-test

Welcher Urlaubstyp bin ich?

Ab und an meldet sich eine kleine Sehnsucht im Herzen, die einem zuflüstert: „Du musst mal wieder weg!" Doch bevor Sie jetzt gleich ins Reisebüro eilen, sollten Sie für sich die Frage klären, was Sie sich eigentlich von ihrer wohlverdienten Auszeit erwarten.

Gemütlich im Liegestuhl am Strand oder doch lieber zu Fuß durch die Wüste? Für jeden bedeutet Urlaub etwas Anderes: Während manch einer Ruhe und Entspannung genießt, sucht ein anderer das Abenteuer in unberührter Natur, und ein dritter lässt beim Sightseeing keine Sehenswürdigkeit unentdeckt! So unterschiedlich wir Menschen sind, genauso verschieden sind auch unsere Vorstellungen vom perfekten Urlaub.

Welche Art von Reise macht für Sie den Urlaub zum unvergesslichen Erlebnis? Finden Sie es heraus!

Und so geht's:

Beantworten Sie die folgenden acht Fragen zu Ihrem Urlaubs- und Freizeitverhalten und kreuzen Sie die jeweils zutreffende Antwort an. Zählen Sie dann zusammen, welche Farbe Sie am häufigsten angekreuzt haben. Diese Farbe gibt Ihnen Aufschluss darüber, welchem Urlaubstyp Sie entsprechen. Die Auflösung samt Tipp für das zu Ihrem Urlaubstyp passende Reiseziel finden Sie auf den Folgeseiten.

Frage 1: Sie gewinnen eine Reise. Für welchen Erdteil entscheiden Sie sich?

○ Europa
○ Asien
○ Afrika
○ Australien
○ Nordamerika
○ Südamerika

Frage 2: Sie dürfen nur drei Dinge auf eine einsame Insel mitnehmen. Für welche entscheiden Sie sich?

○ Trinkflasche, Medizin, Sonnenbrille
○ Bier, Tabak, Spiegel
○ Kissen, Schuhe, Buch
○ Messer, Grill, Lampe
○ Kamera, Stift, Navigationsgerät
○ Schokolade, Musik, Kuscheltier

Frage 3: Sie stehen vor der Buchungsentscheidung. Worauf achten Sie in Ihrem Urlaub ganz besonders?

- Das Wetter
- Das Unterhaltungsangebot
- Das Essen
- Die Kultur
- Das Budget
- Die Unterkunft

Frage 4: Endlich angekommen. Was steht auf der To Do-Liste für Ihren Urlaub ganz oben?

- In der Natur sein
- Auf Parties abfeiern
- Am Strand liegen
- Sightseeing machen
- Abenteuer erleben
- Nichts

Frage 5: Das Wochenende steht vor der Tür. Was machen Sie in Ihrer Freizeit am liebsten?

- Sport treiben
- Im Park spazieren gehen
- Freude treffen
- Shoppen gehen
- Lesen und entspannen
- In Bars gehen

Frage 6: Welche der folgenden Charaktereigenschaften beschreibt Sie am besten?

- Abenteuerlustig
- Humorvoll
- Ruhig
- Spontan
- Hilfsbereit
- Smart

Frage 7: Ihr Leben in einem Wort: Welches der folgenden beschreibt Ihres am treffendsten?

- Glücklich
- Entspannt
- Cool
- Aufregend
- Verrückt
- Achterbahn

Frage 8: Absolutes No-Go: Welches der folgenden Dinge würden Sie niemals tun?

- Drogen nehmen
- Allein ins Kino gehen
- Mit der Oma verreisen
- Stehlen
- Vegetarier werden
- „Fifty Shades of Grey" lesen

Welcher Urlaubstyp bin ich?

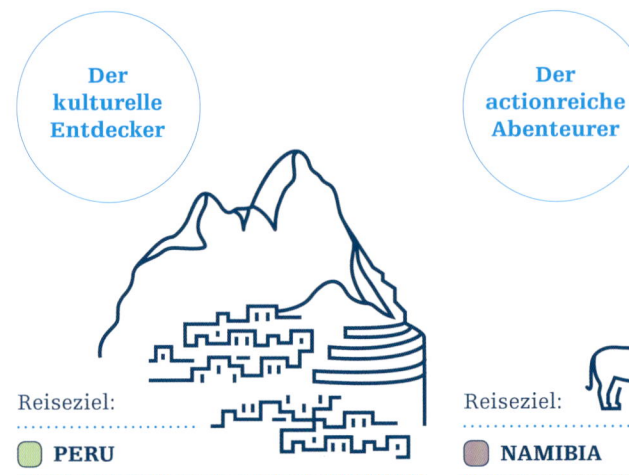

Der kulturelle Entdecker

Reiseziel:
🟢 **PERU**

Sie sind ein wahrer Entdecker. Nicht selten klopft bei Ihnen das Fernweh an die Tür, denn Sie möchten die Welt bereisen und all die Vielfalt fremder Länder in sich aufsaugen, in Sitten und Gebräuche anderer Kulturen eintauchen und gleichzeitig die sich Ihnen bietende Natur bestaunen.

Für Sie bedeutet Urlaub mehr als nur in der Sonne am Strand zu faulenzen. Das perfekte Urlaubsziel muss also einiges zu bieten haben. Und genau deshalb sollte Peru auf der Liste Ihrer nächsten Urlaubsdestination ganz oben stehen.

Peru ist nicht nur reich an kulturellen Schätzen – das Land der Inkas bietet auch atemberaubende Landschaften und mitreißende Feste, wie z.B. das Inti Raymi (Sonnenfest). In dieser abwechslungsreichen Urlaubsdestination finden Sie Ihr Gleichgewicht aus kulturellen Erlebnissen und Entspannung.

Der actionreiche Abenteurer

Reiseziel:
🔴 **NAMIBIA**

Nicht zu wissen, was der nächste Tag bringt, kann für manch einen beunruhigend sein – nicht für Sie – denn Abenteuerlust und Spontanität sind Ihr Markenzeichen!

Sie wollen auch im Urlaub nicht auf fesselnde Erlebnisse verzichten. Langes in der Sonne brutzeln ist für Sie reine Zeitverschwendung. Für all jene, die das Abenteuer suchen und denen ein Urlaub am Strand einfach zu langweilig ist, für die ist Namibia ein wahres Wunderland.

Ob zu Fuß durch den Etosha Nationalpark mit seiner atemberaubenden Landschaft und der artenreichen Tierwelt, mit dem Quad durch die malerischen Sanddünen der Namib-Wüste oder hoch in die Lüfte per Gleitschirm entlang der Skelettküste von Swakopmund – in Namibia lassen spannende Entdeckungen nicht lange auf sich warten.

Der gesellige Tausendsassa

Reiseziel:
◯ **AUSTRALIEN**

Als vielseitiger und offener Mensch knüpfen Sie schnell Bekanntschaften und lieben es, neue Dinge auszuprobieren. In Ihrem Urlaub darf vor allem eines nicht zu kurz kommen: der Spaß!

Sie möchten etwas erleben, am besten von allem etwas: ein wahrer Tausendsassa-Urlaub. Ihr Patentrezept lautet: Man nehme eine Portion relaxen am Strand, eine Brise Sport und mische sie mit einer großen Auswahl an gemütlichen Bars und Cafés, garniert mit kontaktfreudigen Menschen.

Australien bietet all das und noch mehr: gut gelaunte Menschen, die es verstehen, das Leben voll auszukosten, abgeschiedene Strände, die zum Wellenreiten und Schnorcheln einladen und trendige Städte mit tollen Bars und Shops – in Australien werden Ihre Urlaubsträume wahr!

Welcher Urlaubstyp bin ich?

Der erholungsuchende Seelenbaumler

Reiseziel:

🟡 **MALEDIVEN**

Entspannung wird in Ihrem Urlaub großgeschrieben – hetzt man sich im Alltag ja schon genug ab. Sie sehnen sich nach Ruhe, einer Auszeit, in der Sie all das machen können, wozu Sie im Alltag keine Zeit finden.

Stundenlang im Schatten liegen, ein gutes Buch lesen oder einfach nur ins weite Meer blicken und die Gedanken vorüberziehen lassen... Setzt bei Ihnen schon die absolute Entspannung ein? Dann sind die Malediven das perfekte Reiseziel für Sie.

Weiße Strände, einsame Lagunen und kristallklares Wasser – hier finden stressgeplagte Menschen tiefe Entspannung und können den ganzen Tag die Seele baumeln lassen. Tauchen Sie in die Unterwasserwelt der Malediven ein: Die unglaubliche Vielfalt der Meeresbewohner bietet Ihnen ein Schauspiel, von dem Sie noch lange zehren können.

Der kreative Freigeist

Reiseziel:

🟠 **SAN FRANCISCO**

Für Sie gibt es im Urlaub ein besonderes No-Go und das heißt: Pläne machen! Sie sind ein absoluter Freigeist und wollen im Urlaub spontan sein und all die wunderbaren Möglichkeiten ergreifen, die sich Ihnen in diesem Moment bieten.

Sie sind ein sehr offener Mensch, voller Lebenslust und lieben es, in den Tag hineinzuleben? Dann wird Sie San Francisco mit seinem unverkennbaren Flair ganz besonders in den Bann ziehen. Ob ein gemütlicher Stadtbummel, der Besuch in einem der vielen coolen Cafés oder ein atemberaubender Bootstrip auf die Gefängnisinsel Alcatraz: San Francisco hält für all Ihre spontanen Ideen und Bedürfnisse ein Highlight bereit.

Und wenn Sie genug von den USA haben, machen Sie einen Abstecher in eine der größten chinesischen Gemeinden außerhalb Asiens: San Franciscos Chinatown.

Der sinnliche Genuss-urlauber

Reiseziel:
◯ **PARIS**

Das Leben ist dazu da, es zu genießen! Könnte das Ihr Credo sein? Dann sind Sie ein absoluter Genuss-Mensch, der das Leben mit allen Sinnen auskostet.

Diese Sinnesfreuden dürfen vor allen im Urlaub nicht zu kurz kommen – dafür geben Sie auch den ein oder anderen Euro mehr aus. Neben exquisitem Essen und vorzüglichen Weinen sind auch kulturelle Highlights ein absolutes Muss, denn auch der Geist will im Urlaub genährt werden. Frönen Sie diesen allumfassenden Genüssen in der Stadt D'Amour, Paris. Tauchen Sie ein in die Stadt voll pulsierendem Leben: Neben dem Genuss der berühmten Französischen Gourmet-Küche und einem ausgedehnten Bummel durch die Haute Couture-Geschäfte, können Sie sich eine kleine Auszeit vom Stadtleben in einer der nahgelegenen Champagner-Kellereien gönnen. Voilà: Ihr perfekter Genuss-Urlaub!

Willkommen im unberührten Afrika

Sambia

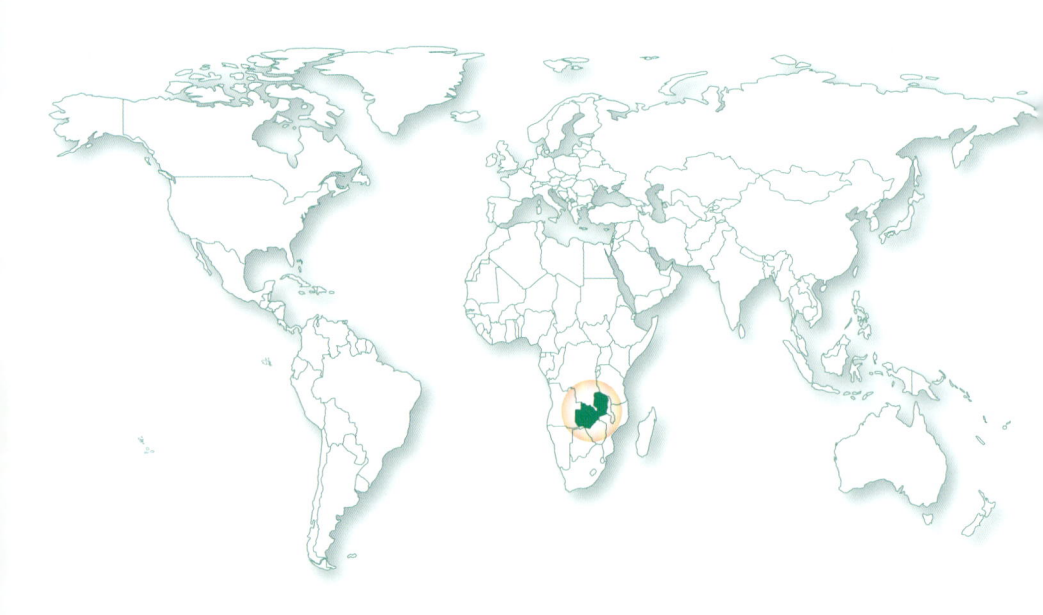

Fläche: 752.614 km²
Einwohner: 17.094.130
Hauptstadt: Lusaka

Landessprachen: Englisch
Währung: Kwacha
Höchster Punkt: 2.339 m (Mafinga)

Sambia

Zu Fuß durch den Busch

„Da musst du einfach hin, so etwas kannst du dir gar nicht vorstellen!" Meine Freundin Diana ist vollkommen aus dem Häuschen. Sie, die Österreich höchstens für den Badeurlaub in Kroatien verlässt, ist die begeistertste und mutigste Ratgeberin, wenn es um meine Reisen geht. Und sie weiß natürlich, dass meine Liebe den Tieren gilt. Doch was sie mir jetzt vorschlägt, lässt auch mein Herz etwas lauter schlagen. Denn ich lese nun den Bericht, mit dem sie vor meiner Nase herumfuchtelt: „Walking in the wild" – also zu Fuß durch den Busch. Das, was ich bisher für unmöglich gehalten habe, scheint tatsächlich von den Rangern in Sambia angeboten zu werden. Ganze Tagestouren durch Busch und Steppe, ohne die sichere Deckung durch den Jeep, der ja doch ein festes und vor allem schnelles und damit recht sicheres Rückzugsgebiet ist.

Meine Bekannte in Deutschland, die ein kleines Reisebüro für Safaris hat, wird kontaktiert. Kann man das tatsächlich wagen oder ist „zu Fuß durch den afrikanischen Busch" nur etwas für lebensmüde Menschen? Ich studiere die Prospekte, okay, zwei Ranger sind dabei, einer auch mit Gewehr, und natürlich wissen die ganz genau, was möglich ist, wie weit man sich an wilde Elefanten heranwagen kann und wo die Löwenrudel gestern Nacht ihr Quartier aufgeschlagen haben – wo man also nicht hingehen sollte. Und das Virus „Abenteuer" nimmt mich wieder einmal gefangen.

Wenige Monate später ist es so weit: Es ist Juli, und ich fliege los, ausgerüstet mit gutem Schuhwerk und warmer Jacke für die Morgenwanderungen, denn das habe ich mittlerweile gelernt: Afrika ist nicht nur die Sahara mit brütender Hitze – sondern da kann es am Morgen bitterkalt sein. Über Sambia habe ich inzwischen viel gelesen. Früher hieß das Land Nordrhodesien, und es liegt mitten im südlichen Afrika, grenzt an Tansania und den Kongo im Norden, an Zimbabwe und Botswana im Süden, vom Zambezi River hat es den Namen, und es besitzt die größten Wasservorkommen im südlichen Afrika. Sambia ist, wie die meisten afrikanischen Länder, ein Vielvölkerstaat – die Bevölkerung ist arm. Gerade erst hat der Tourismus hier so richtig Fuß gefasst, und so hoffe ich, dass ich ein noch ganz unberührtes Land mit vielen Tieren vorfinden werde.

Wir landen in der Hauptstadt Lusaka, und ich bin überrascht, wie ruhig und problemlos hier alles vonstattengeht. Keine große Aufregung wie in Kenia, kein Gewusel an Menschen wie in Ägypten. Freundlich und eher scheu stehen die Menschen da und versuchen, unsere Wünsche umzusetzen. Und dann steht da vor mir schon das kleine Flugzeug, das mich mit einer Gruppe von vier Amerikanerinnen nach Kafue bringen soll: zu einem Nationalpark im Norden, der berühmt ist für seine großen Herden von Zebras und Antilopen, seine unendlichen Ebenen und die ganz erstaunliche Vogelwelt mit Hunderten endemischen Arten. Die vier Damen sehen mich mit entsetzten Augen an, als ich ihnen von meinem geplanten Abenteuer berichte, zu Fuß diese Ebenen erkunden zu wollen. Der Flug in dem winzigen Flugzeug, das gerade noch für uns Fünf und den Piloten Platz bietet, ist unglaublich: Bereits nach wenigen Minuten haben wir die Stadt Lusaka hinter uns gelassen und blicken auf Waldland, das dann in Buschland und schließlich in weite Ebenen übergeht. Der Pilot erklärt mir, dass im Winter, so wie bei uns, das Gras eher braun sei und sich die Tiere so bedeutend besser beobachten lassen. Keine hohen Büsche behindern die Sicht.

Als wir landen, sind die vier Ladies ganz froh, dass ich in einen anderen Jeep steige als sie und auch in ein anderes Camp fahre. Ich winke ihnen ohne Bedauern nach und erfreue mich an den Giraffen, die schon bald nahe der Straße auftauchen und, ohne sich aus der Ruhe bringen zu lassen, die saftigsten Blätter von den Bäumen holen. Plötzlich reduziert mein Fahrer die Geschwindigkeit und deutet nach vorn, jetzt sehe ich es auch: Ein prächtiger Löwe hat es sich auf der Fahrbahn gemütlich gemacht: Die Augen geschlossen, genießt er die Strahlen der Sonne. Er schüttelt nun seine Mähne, wie um uns zu sagen: „Hier braucht ihr es gar nicht zu probieren, das ist mein Revier." Und wie, um dies nachhaltig zu bestätigen,

Sambia

tauchen nun am Grasrand der Fahrrinne zwei braune runde Ohren auf, und kurz danach erscheint die ganze Familie. Drei Löwinnen erheben sich vom Mittagsschläfchen und betrachten uns interessiert, legen sich dann aber beruhigt wieder seitlich hin, als wir sichtlich keine Anstalten machen, den Respektabstand von zehn Metern zu reduzieren. Viel neugieriger sind ihre fünf Jungen. Diese tollen herum, beißen die Mütter in den Schwanz, wollen sie mit schier endloser Energie zum Spielen verleiten. Versuchen einen kleinen Erdhügel zu erklimmen und gleichzeitig die anderen wieder nach unten zu schubsen. Den Vater lassen sie in Ruhe, vor ihm scheinen sie doch mächtigen Respekt zu haben ...

Nach einem ausgiebigen Fotoshooting nehmen wir einen kleinen Umweg, um das Löwenrudel nicht zu stören, und sind auch schon bald im Camp, das mit seinen braunen Hütten kaum von der Umgebung zu unterscheiden ist. Der Ranger erwartet mich schon und erklärt mir, dass wir bereits morgen Früh zu Fuß unterwegs sein werden. Das einzige, was ich brauchen würde, sei mein Feldstecher. Als er meine erstaunten Augen sieht, meint er: „Keine Sorge, wir werden alles mithaben!"

Der Morgen ist dann noch viel kälter als erwartet. Als ich vor meinem Häuschen auf die Veranda trete, liegt Raureif auf dem Grasland der Ebene, und der Nebel wabert in silbernen Streifen über dem Flussbett. Und dann treffen mich die ersten Strahlen der Sonne und tauchen das Land in eine Explosion an Farben, die völlig unerwartet kommt. Rosa, orange, purpur und gelb blitzt es rundherum: wie ein morgendliches Feuerwerk, und meine Vorfreude steigt! Nach einem kräftigen Frühstück setzen wir uns in Bewegung: Mein Guide Tom voraus, mit Feldstecher und großem Rucksack, in den er doch tatsächlich sogar Tee und Kekse eingepackt hat, dahinter ich im Gänsemarsch, und das Schlusslicht bildet ein Ranger mit Gewehr. Unsere erste Station ist ein Flüsschen, das hauptsächlich aus Schlamm zu bestehen scheint. „Gib Acht, schau genau!", warnt Tom, da versinke ich auch schon mit einem Fuß bis zum Knöchel im Morast, weil ich natürlich nicht direkt hinter ihm geblieben bin und somit mein erstes Lehrgeld bezahle. Durch das Schmatzen, das entsteht, als ich meinen Fuß aus dem Schlamm ziehe, kommt aber rundherum Bewegung in Gang: An etwa fünfzig Stellen scheint sich der Schlamm wie von Geisterhand zu bewegen, es gurgelt überall, und ich sehe graue Gestalten, wie kleine Geister unter dem Schlamm um sich schlagen. Tom sieht mein Entsetzen, grinst und meint bloß „Catfish". Ich kann es zuerst nicht glauben, doch tatsächlich leben in diesem Schlammloch Hunderte Fische dicht nebeneinander. Sie scheinen kein Wasser zu brauchen und verkriechen sich im Schlamm, bis der nächste Regen kommt.

Wir queren das Flussbett und plötzlich sehe ich, wie Tom sich duckt, den Finger am Mund, mir deutend, ich möge keinen Laut von mir geben. Also gehe auch ich hinter einem Baumstamm in die Knie – ebenso wie unser Ranger, und schon tauchen sie auf – majestätisch, einer hinter dem anderen: eine Herde von fünfzehn Elefanten, eine riesige Elefantenmatrone voraus, dazwischen drei ganz kleine, die sich mit dem Rüssel am Schwanz der Mutter festhalten. Plötzlich bleibt der ganze Trupp wie auf Befehl stehen und alle schauen flussabwärts. Das Leittier trompetet laut und kämpferisch und hebt den Rüssel, sie wirft ihn hoch in die Luft und schüttelt den Kopf voller Aggression. Ich kann nichts ausmachen, aber mir wird irgendwie mulmig. Mein Guide deutet mir, ruhig zu bleiben, und beobachtet konzentriert die hochgelegenen Flussufer. Dann gibt er dem Ranger, der sein Gewehr bereits im Anschlag hat, ein Zeichen. Und nun sehe ich es auch: Etwa 200 Meter von uns entfernt, befinden sich zwei große männliche Löwen mit fast roter Mähne. Sie durchschreiten das Flussbett, ohne den Kopf zu drehen. Anscheinend auch ohne sich um das aggressive Gehabe der Elefantenmutter zu kümmern. Ganz ruhig, aber zielgerichtet, queren sie das Flussbett in die entgegengesetzte Richtung und verschwinden langsam in der Ferne. Erst jetzt setzt auch die Elefantenherde ihren Weg fort. Und als auch sie oben in den Wald eingetaucht sind, erlaubt uns Tom, dass wir uns erheben und unseren Weg fortsetzen. „Elefanten sind in freier Wildbahn durchaus gefährlich," erklärt er mir grinsend, „und sie sind viel schneller als wir, wenn sie erst einmal laufen." Ich habe eigentlich die Löwen als Bedrohung empfunden, und konnte auch nicht umhin, mich alle paar Minuten umzudrehen und genau die Gegend zu mustern.

Wir verlassen jetzt das Flusstal, und immer wieder bleiben wir stehen, um uns Spuren von wilden Tieren anzusehen, und mein Guide erklärt, worum es sich handelt und wie viel man aus diesen Spuren lesen kann. Wir kommen an den Bauten der Mungos vorbei und amüsieren uns über die wieselflinken Tiere, sehen eine große Boa im Geäst eines Baumes, und ich entdecke zum ersten Mal, wie viele unterschiedliche Vögel es hier zu betrachten gibt, die entweder gerade beim Nestbau sind oder Freund und Feind beschimpfen, oder einfach nur auf einem Grashalm sitzen und die Morgensonne genießen, die sich in ihrem Gefieder spiegelt. Ich erfahre an diesem Morgen viele kleine Geheimnisse, die ich in zehn Jahren Afrikaurlaub noch nie gehört oder gesehen habe. Als ich Tom darauf anspreche, lächelt er nur und meint: „Im Jeep siehst du nur die großen, imposanten Tiere. Aber das ist nicht das wahre Afrika. Wenn du diesen wunderbaren alten Kontinent lieben lernen willst, dann setze dich auf einen Hügel und betrachte auch einmal die bunten Käfer im Gras, beobachte die Termiten bei der Arbeit und höre, wie das Land atmet."

Drei Wochen lang habe ich dann zu Fuß, im Boot und per Jeep dieses Land durchquert, bin großen Herden von Büffeln begegnet, habe mich vor Nilpferden in Acht genommen, wenn sie aus dem Sambesi gestiegen sind und bin im Luangwa den Leoparden auf ihrer Jagd nach Impalas gefolgt. Aufregend und ein wahres Abenteuer, aber die schönsten Momente waren tatsächlich jene, in denen ich einfach nur dagesessen bin und die Ruhe dieses weiten Landes mit seiner Vielfalt im Kleinen und im Großen genießen konnte.

Rezept

Rindfleisch-Eintopf „à la Afrika"

für 2 Personen
60 Minuten

Zutaten:

- *300 g Rindfleisch vom Schulterstück*
- *2 mittelgroße Kartoffeln*
- *2 Karotten*
- *1 große Zwiebel, gehackt*
- *2 Zehen Knoblauch, gehackt*
- *2 große Tomaten*
- *¼ Kopf Weißkraut*
- *4 EL Erdnussbutter*
- *4 EL Tomatenmark*
- *500 ml Gemüsebrühe*
- *2 EL Olivenöl*
- *1 TL Berbere-Gewürzmischung (z.B. von Sonnentor)*
- *Salz, Pfeffer*

Zubereitung:

Das Rindfleisch in Streifen schneiden und in Olivenöl in einem Topf kurz und scharf anbraten. Dann mit Gemüsebrühe übergießen, bis das Fleisch vollkommen bedeckt ist und 20 Minuten köcheln lassen.

In der Zwischenzeit Zwiebel und Knoblauch hacken. Die beiden Zutaten, sowie Erdnussbutter und die Berbere-Gewürzmischung zugeben und weitere 20 Minuten bei geringer Hitze köcheln lassen. Währenddessen das restliche Gemüse vorbereiten: Karotten in feine Scheiben schneiden, Kartoffeln schälen und in Würfel schneiden. Weißkraut in Streifen schneiden, Tomaten würfeln.

Nun das übrige Gemüse in den Topf geben, Tomatenmark einrühren, mit Salz und Pfeffer abschmecken und nochmals 20 Minuten köcheln lassen – und den Geschmack „à la Afrika" genießen.

Mein Tipp: Berbere lässt sich auch ganz einfach selbst zubereiten und schmeckt durch die frische Zubereitung noch intensiver und authentischer. Dazu einfach 1 rote Chilischote, 1 TL fein gehackten Ingwer, 1 TL Kardamom und ½ TL gemahlenen Koriander bei geringer Hitze anrösten. Die Gewürze mit Salz, 3 EL Wasser und 1 Zehe Knoblauch im Mixer zu einer Paste mixen und danach nochmal erhitzen. Im Kühlschrank aufbewahrt, hält sich die Gewürzpaste ca. 14 Tage.

Rindfleisch-Eintopf

Im Reich der Giganten

Galapagos-Inseln / Ecuador

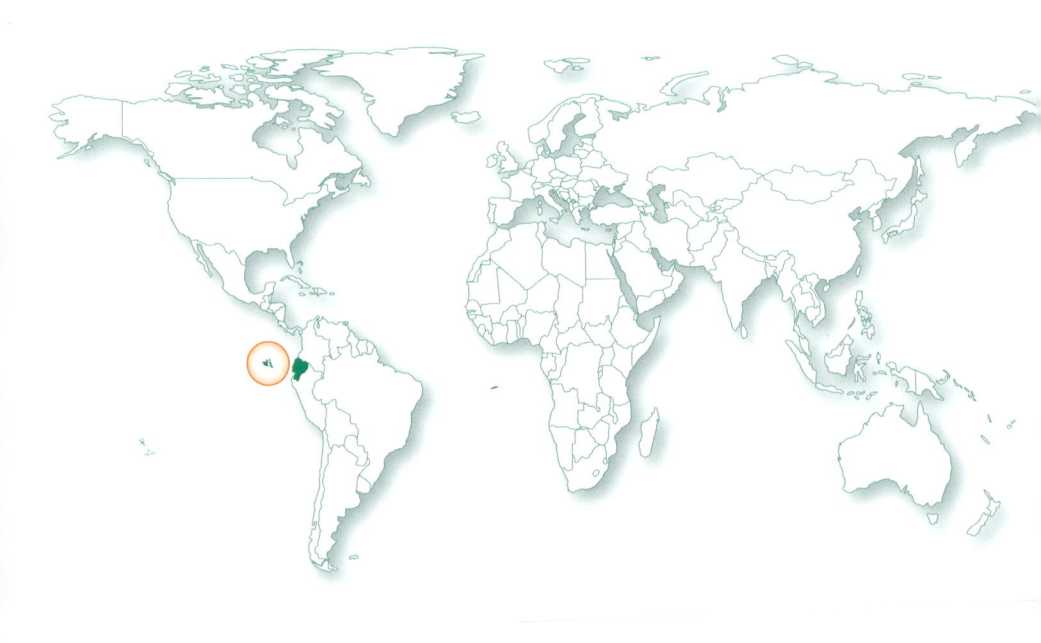

Fläche: 8.010 km²   **Landessprache:** Spanisch
Einwohner: 25.124   **Währung:** US-Dollar
Hauptinsel: San Cristóbal   **Höchster Punkt:** 1.707 m (Vulkan Wolf)

Ecuador

Auf den Spuren einer verschollenen Welt

Immer, wenn ich irgendwo von den Galapagos-Inseln las, tauchten vor meinen Augen riesige Schildkröten auf, die sich durch völlig unbewohnte Vulkanlandschaften schieben, und die Brandung eines kalten Ozeans, der 1.000 Meilen vor der Küste Ecuadors an die Klippen dieser unbewohnten Inseln schlägt, die einfach vergessen worden waren. So lange, bis ein Engländer namens Charles Darwin auf diesen Inseln gelandet war. Der Mann, der den Menschen offenbart hatte, dass sie nicht das Ebenbilds Gottes seien, sondern die Nachkommen von Affen. Und er hatte auf diesen Inseln das vergessene Paradies entdeckt.

Und dann landete ich selbst dort. Unspektakulär mit dem Flugzeug – und von oben machte das Ganze schon einmal nicht den Eindruck, den ich erwartet und erhofft hatte – eine Landeinsel, auf der nichts, aber auch schon gar nichts Besonderes zu sehen war – weder eine Schildkröte, noch sonst ein Tier – nur ödes Land! Aber es gab einen Hafen, und dort wartete dann unser Schiff, das uns zu den paradiesischen Inseln bringen sollte – ein ziemlich ruhiger Hafen, von Brandung keine Spur. Sollte es das alles gar nicht geben?

Während ich auspackte, hörte ich plötzlich lautes Rufen und Getrampel auf den schmalen Stiegen, also hinauf an Deck und dort blieb mir fast das Herz stehen: denn in dem rot-orangen Licht der Abendsonne war vor unserem Boot ein riesiger Wal aufgetaucht und stieß eine Fontäne an Wasser hoch in die Luft! Dann tauchte er wieder ab und schien verschwunden, doch wenige Sekunden später schoss sein mächtiger Körper ganz knapp vor unserem Boot in die Höhe, ließ sich mit vollendetem Schwung wieder ins Wasser gleiten, während wir alle klitschnass und lachend an der Reling lehnten und uns an der Eleganz dieses Tieres erfreuten. Immer wieder tauchte der Wal ab, jedoch nur, um sich einige Meter weiter wieder aus den Wellen zu katapultieren. Wir sahen ihm zu, in den Bann gezogen von dem Spektakel, das sich unseren Augen bot, während sich das Meer immer intensiver durch die untergehende Sonne verfärbte, bis der Wal schließlich in der Dämmerung verschwand. Dies war wie eine Botschaft und die nächsten Tage sollten diese bestätigen.

Wir landeten auf der ersten völlig unbewohnten Insel und das Kreischen der Vögel war ohrenbetäubend. Der Guide hatte uns gut vorbereitet, doch die Wirklichkeit konnte er nicht beschreiben. Während wir uns auf dem schmalen Pfad weiterbewegten, saßen links und rechts von uns brütende Blaufußtölpel, die so heißen, weil diese Vogelart sich durch wirklich auffallend hellblaue Füße auszeichnet, die sie während des Paarungstanzes auch ständig hochheben, um sie den angebeteten Vogeldamen zu präsentieren.

Wenn ich schreibe „rechts und links vom Pfad", dann stimmt das eigentlich nicht ganz. Denn diese Vögel sitzen durchaus auch auf dem Weg mit ihrem Nest und blicken die Besucher aus verwunderten Augen an und kommen gar nicht auf die Idee, Angst zu haben oder wegzufliegen. Sie sitzen ganz gemütlich da, putzen ihr Gefieder und wärmen ihre Eier. Wir Besucher können uns vor Staunen kaum fassen – ja so muss es im Paradies gewesen sein – dieses Urvertrauen ist einfach unglaublich!

Und das ist nicht etwa nur auf die Vögel beschränkt. Nach ein paar Wegbiegungen kommen wir schließlich in einen Teil der Insel mit niedrigem Gebüsch und hören plötzlich eigenartige Laute, die für uns zuerst nicht zu deuten sind, doch schon nach wenigen Metern wissen wir, was es ist – zwei kleine Drachen stehen sich aufgeplustert gegenüber und fauchen sich an. Drohgebärden und wildes Vor und Zurück, man umkreist sich, versucht den anderen einzuschüchtern und zu vertreiben. Keine zwei Meter vor meinen Füßen – und meiner Kamera, die mittlerweile schon mehr Fotos in diesen dreißig Minuten geklickt hat, als im gesamten letzten Halbjahr. Die dazugehörige Drachendame, die all das ausgelöst hat, ist übrigens auch da, liegt gemütlich in den Büschen und wartet, wer da jetzt als Sieger hervorgeht. Und schon ist es soweit – nach einem plötzlichen Überraschungsangriff sitzen die Zähne des gelben Iguanas im Genick des braunen und schütteln ihn, bis dieser sich löst und das Weite sucht. Also nicht für alle ist hier das Paradies.

Und so vergehen die ersten Tage – jede Insel ist anders, manche kahl, schroff und doch leuchtend in ihren Farben, manche dicht bewachsen mit Bäumen und Orchideen. Auch das Meer wechselt sein Gesicht: lädt es in manchen Buchten zum Schwimmen und Schnorcheln ein und zeigt die Vielfalt einer erstaunlichen Welt voller ungewöhnlicher Formen der Fische und Muscheln und mit einer Buntheit, die kaum glaublich ist, so kommen wir auch an gefährlichen Klippen vorbei, welche die Meereswogen aufpeitschen und bei denen das Meer schwarz, tief und aufgewühlt erscheint. Hier ist die Heimat der berühmten Hammerhaie. Vier Meter können diese Haie lang werden und sie jagen am liebsten in großen Gruppen von hundert und mehr Tieren. Diese große Anzahl erlaubt es ihnen, ganze Fischschwärme einzukreisen und zusammenzutreiben, sodass dann das große Fressen beginnen kann. Eine beunruhigende Vorstellung und gleichzeitig eine Faszination für die Taucher!

Ecuador

Und jeden Abend werden die Kurzvideos gezeigt, die hier gedreht werden konnten – von tausenden Vögeln verschiedener Arten, seltsamen Echsen und speziell von den Robben, die ihre Geschicklichkeit beim Schwimmen unter Beweis stellen, denn Angst kennen auch diese Tiere auf Galapagos nicht. Ob am Strand oder unter Wasser, sie mögen die Begegnung mit den Menschen, lachen wahrscheinlich Tränen über unsere Ungeschicklichkeit und Langsamkeit, mit der wir im Wasser unterwegs sind, während sie schon mehrmals Kreise um uns gezogen haben. Sie kommen so nahe, dass man ihre Körper entlangflutschen fühlt, schauen interessiert durch die Taucherbrille dem Menschen ins Auge und sind eine Zehntelsekunde später schon wieder weg und nicht mehr zu sehen. Kaum vorstellbar, wie ungelenk sie dann an Land sind, wie faul sie da auf den Stiegen des Hafens liegen und ungnädig dreinschauen, weil wir jetzt auch einmal an Land gehen möchten.

Denn heute ist endlich der große Tag, heute sollen wir die Riesenschildkröten sehen, die hier auf Galapagos wild leben! Wir wandern durch eine kahle Landschaft aus erkalteter Lava, die Sonne brennt unbarmherzig auf uns herab und in den ersten Stunden beeindruckt zwar die durch nichts unterbrochene Einsamkeit dieses Eilands, aber es fehlt das Leben, das wir in so gigantischer Fülle ober und unter Wasser bisher erlebt hatten. Sollte das hier die erste Enttäuschung des Galapagos-Archipels werden? Waren die Geschichten von den letzten Überlebenden dieser uralten Spezies doch nur Märchen gewesen und hatten die Seeleute in hundert Jahren etwa alle Exemplare der Riesenschildkröten ausgerottet, indem sie diese als lebenden Proviant auf ihre Schiffe mitgenommen hatten? Was für eine traurige Vorstellung, und sie entsprach der tristen Landschaft, durch die wir uns nun bergauf mühten. Doch der Lohn war bereits in Reichweite – zuerst kaum zu identifizieren, graubraune Gestalten vor graubraunem Gestein, doch eindeutig Bewegung!

Und da waren Sie auch bereits, drei riesengroße Schildkröten mit ihrem zerfurchten Gesicht, der forschend aufgebogenen Nase und den klug dreinblickenden Augen, die bereits auf ein Jahrhundert zurückblicken konnten. Ohne Hast, aber auch ohne Scheu queren sie unseren Weg, lassen uns staunend zurück. Die letzten ihrer Art? Der Abstieg zur Küste verläuft stiller, viele von uns fragen sich, wie lange dieses Paradies noch seine Ursprünglichkeit behalten wird.

Werden die Tiere auch in zwanzig Jahren noch mit diesem unglaublichen Urvertrauen da sein, werden die Albatrosse hier auf diesen Inseln immer noch Platz finden für Ihren grandiosen Hochzeitstanz auf den Klippen, und wir Menschen niederknien vor Freude, dies alles erleben zu dürfen? Galapagos ist eine Sehnsucht und die Erfüllung von Kindheitsträumen – auch noch Jahrzehnte später.

Rezept

Traditionelles aus Südamerika: Ecuadorianische Kartoffelsuppe

für 2 Personen
40 Minuten

Zutaten:

- *500 g mehlige Kartoffeln*
- *1 reife Avocado*
- *1 mittelgroße Zwiebel*
- *100 g Mozzarella oder Schafkäse*
- *200 ml Milch*
- *2 EL Sahne*
- *1 EL Butter*
- *1 TL Paprikapulver*
- *1 TL Koriander, frisch*
- *Salz*
- *Pfeffer*

Zubereitung:

Die Kartoffeln schälen und in kleine Würfel schneiden. Zwiebel und Koriander fein hacken.

Butter in einem großen Topf zum Schmelzen bringen und die Zwiebeln darin anrösten. Paprikapulver zugeben und 2 Minuten mitrösten. Die Kartoffelwürfel hinzufügen und mit dem Gewürz für 5 Minuten anschwitzen. Dann mit Wasser ablöschen und solange köcheln lassen, bis die Kartoffeln weich sind (ca. 20 Minuten).

Milch und Sahne zugeben und die Suppe zu einer sämigen Masse pürieren. Den Mozzarella oder Schafkäse kleinschneiden und in die Suppe einrühren. Mit Salz und Pfeffer abschmecken.

Zuletzt noch die Avocado in Streifen schneiden, den Koriander hacken und vor dem Servieren auf der Suppe drapieren. Buen provecho!

Mein Tipp: Avocados sind wahre Superfrüchte – sie enthalten alle essentiellen Aminosäuren, sind reich an einfach ungesättigten Fettsäuren und Lieferanten für die Vitamine A, D, E und K. Wer einen ganz besonders aromatischen Geschmack der Avocado erleben möchte, greift zur Sorte „Hass" – erkennbar an der dunkelgrünen, genoppten Schale. Gelagert wird das Superfood am besten bei Zimmertemperatur.

Ecuadorianische Kartoffelsuppe

Andere Essgewohnheiten, andere Stühle

Es ist bekannt, dass einem das Essen in exotischen Ländern schon einmal auf die Verdauung schlagen kann. Was aber weit weniger Menschen bedenken, ist, dass sich durch verschiedenste Nahrungsmittel auch die Farbe des Stuhls verändern kann.

Exotische Speisen wie Curry, Tajine und Dhal und die vielen ungewohnten Gewürze können in der Kloschüssel ein außergewöhnliches Bild hervorbringen. Aber nicht nur fremdländische Nahrungsmittel, sondern auch Medikamente können die Stuhlfarbe beeinflussen. Bei welchen Farbnuancen Sie beruhigt weiterschlemmen dürfen und wann Sie lieber einen Arzt konsultieren sollten, erfahren Sie im Nachfolgenden.

Der Fleischliebhaber-Stuhl

Der typische Frankreich-Urlauber kann auch einmal schwarzsehen – und das im wahrsten Sinne des Wortes. Denn vermehrter Konsum von Fleisch, wie Coq au Vin, Foie Gras oder Andouillette und das typische Glas Rotwein am Abend verfärben den Stuhl leicht schwärzlich. Auch Blaubeeren können einen ähnlichen Effekt haben. Generell gilt: Je höher der Fleischkonsum und je geringer die Flüssigkeitsaufnahme, desto dunkler der Stuhl. Keine Sorge bei schwärzlichem Stuhl, wenn Sie Kohletabletten oder Eisenpräparate eingenommen haben – auch hier ist die schwarze Färbung unbedenklich. Allerdings: Auch Blut kann den Stuhl dunkel färben.

Denn treffen der rote Blutfarbstoff Hämoglobin, und die Magensäure aufeinander, wird Hämoglobin zu Hämatin umgewandelt. Die Folge: der sogenannte Teerstuhl. Schwarzer Stuhl ist demnach ein Zeichen dafür, dass Blut im Magen „verdaut" wurde, dass also eine Blutung im Magen-Darmtrakt vorliegt. Diese Blutung kann das Resultat einer Gastritis sein, oder auch auf ein Magengeschwür oder Schäden in der Speiseröhre hindeuten. Auch Blutungen im Zwölf-Finger-Darm lösen schwarz verfärbten Stuhl aus.

Wenn also keine Veränderung beim Fleischkonsum und beim Rotwein nachvollziehbar ist und der Stuhl sieht aus wie Teer, dann bringen Sie eine Probe Ihres Stuhls zu Ihrem Arzt!

Der Vegetarier-Stuhl

Sie haben eine Vorliebe für Gemüse? Dann wundern Sie sich nicht, wenn sich auch Ihr Stuhl grünlich färbt. „Schuld" daran ist der in den Pflanzen enthaltene Farbstoff Chlorophyll, der für die Photosynthese benötigt wird. Ein ganz eklatantes Grün zeigt sich durch vermehrten Konsum von Salat und Spinat.

Vorsicht: Gefahr im Verzug ist dann, wenn Sie grünlich schillernden Durchfall haben – eine Salmonellenvergiftung äußert sich nämlich in dieser Form.

Besonders gerne tummeln sich Salmonellen in verunreinigten oder falsch gelagerten Lebensmitteln – vorzugsweise in rohen Eiern, Fleisch- und Wurstwaren, aber auch in Milchprodukten. Bei Erwachsenen ist eine Anzahl von 10.000 bis 1.000.000 Keimen erforderlich, um eine Infektion auszulösen. Bei Kindern oder Personen mit einem geschwächtem Immunsystem reichen bereits 100 Keime aus. Denken Sie daher an die „Reiseversicherung" für die ganze Familie: Spezielle Multispezies-Probiotika an jedem Tag Ihrer Reise eingenommen, können einer solchen Infektion durch krankmachende Keime vorbeugen.

Der Milchmädchen-Stuhl

Vor allem in den Ländern Südasiens ist der ockerfarbene Stuhl aufgrund von Gewürzen wie Curcumin keine Seltenheit. Zudem setzt sich die indische Küche vor allem aus Milchprodukten wie Ghee oder Lassi, Hülsenfrüchten, wie etwa Linsen oder Kichererbsen sowie Reis zusammen. All diese Lebensmittel können eine gelbliche Färbung des Stuhls auslösen. Übrigens kann der Urlaub in Indien in puncto Verdauung einiges durcheinanderbringen: Traditionsreiche Gerichte wie Curry, Dal oder Sambar (südindische Sauce auf Linsenbasis) und die darin enthaltenen Gewürze, wie zum Beispiel Kurkuma, Koriander, Kreuzkümmel oder Gewürzmischungen wie Garam Masala, verlangen dem europäischen Darm einiges an Arbeit ab und tragen durch ihre Farbe auch zur Färbung des Stuhls bei.

Vorsicht ist geboten, wenn der Stuhl über mehrere Wochen eine helle gelbliche Verfärbung aufweist. Dann könnte es sich unter Umständen um eine Funktionsstörung der Bauchspeicheldrüse oder der Galle handeln, da in diesem Fall die Fettverdauung nicht reibungslos funktioniert. Die Folge ist der sogenannte Fettstuhl. Dieser weist aufgrund des hohen Anteils an unverdauten Fetten neben der Gelbfärbung eine sehr klebrige Konsistenz auf.

Bleibt eine solche Störung über längere Zeit unbemerkt, können sich Gallensteine bilden und im schlimmsten Fall sogar einer Entzündung der Leber entstehen. Letztere ist äußerlich als Gelbsucht in Form von gelblicher Haut und Augäpfeln erkennbar.

Auch die Einnahme von Medikamenten und Antibiotika kann eine gelbliche Nuance des Stuhls hervorrufen. Sind Sie unsicher, ob das jeweilige Medikament eine solche Verfärbung bewirken kann, lesen Sie im Beipackzettel bei den angeführten Nebenwirkungen nach. Ein anderer Grund der Gelbfärbung können Durchfälle sein, ausgelöst durch Viren oder Bakterien. Für solche Notfälle sollte unbedingt ein gutes Reise-Probiotikum im Gepäck sein, das man dann mindestens zweimal täglich einnimmt.

Der Vorsicht-ist-besser-als-Nachsicht-Stuhl

Bei rötlichem Stuhl ist immer darauf zu achten, ob es sich um eine durchgängige Färbung handelt. Diese rötliche Farbe kann z. B. durch den Verzehr von Roter Bete ausgelöst werden, oder aber auch durch vermehrten Genuss von Karotten oder Kürbis, wobei sich bei Letzteren eher eine orangeartige Färbung zeigt. Besondere Vorsicht gilt bei jeglicher Art von Blut im Stuhl. Ob rot-braun marmoriert oder direkt auf dem Stuhl –

hier muss unbedingt ein Arzt aufgesucht werden, um Blutungen im Enddarm auszuschließen. Natürlich können es auch einfache Hämorrhoiden sein, die sich gut behandeln lassen – aber bitte anschauen lassen!

Übrigens: Unsere „normale" Stuhlfarbe – die mittelbraun sein sollte – wird maßgeblich von den Verdauungssäften der Wasser, Salze zur Fettverdauung sowie Gallenfarbstoffe, die beim Abbau von roten Blutkörperchen entstehen, die (Farb-)Ton angebenden Komponenten. Die Abbauprodukte Bilirubin und Biliverdin sind ausschlaggebend für die Braunfärbung. Hier treffen nämlich gelb-rote Töne auf Grün und daraus ergibt sich – je nach Anteil des Abbauprodukts – der optimale satte Braunton.

Eine geringgradige Schwankung der Stuhlfarbe ist vollkommen normal und kein Grund zur Sorge. Die Färbung wird nämlich auch davon beeinflusst, ob und wie viel Flüssigkeit im Stuhl enthalten ist und welche Nahrungsmittel unseren Darm täglich passieren. Jedenfalls sollte sich der Farbton nach einigen Tagen wieder in ein „normales" Mittelbraun zurückentwickeln. Ist das nicht der Fall, gilt hier: Vorsicht ist besser als Ärger – also lieber einmal zu oft zum Arzt. Das beruhigt auch gleich die Nerven.

Afrika, mon amour!
Namibia

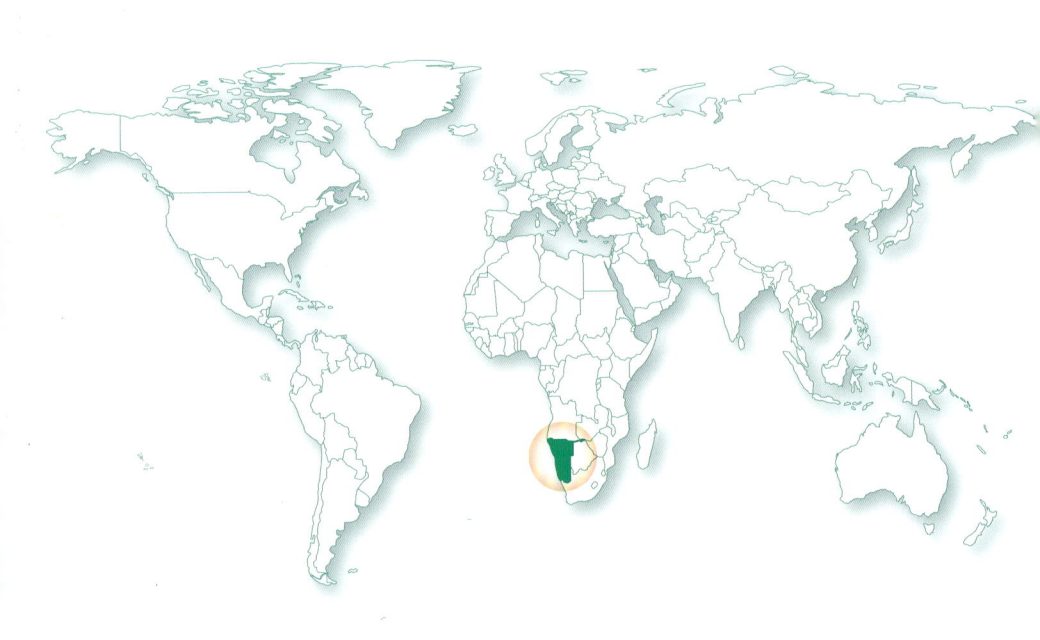

Fläche: 824.116 km²   **Landessprache:** Englisch
Einwohner: 2.324.400   **Währung:** Namibia-Dollar
Hauptstadt: Windhoek   **Höchster Punkt:** 2.600 m (Königstein)

Namibia

Laute Stille

Waren Sie schon einmal in der Wüste? Und ich meine damit nicht die, die man in Tunesien direkt hinter dem Strand findet, sondern jene, die sich endlos weit erstreckt, so weit das Auge reicht und noch darüber hinaus. Auf die eine gleißende Sonne ihr erbarmungsloses Licht ausgießt und in welcher der Wind das einzige hörbare Geräusch ist – in vielen Augenblicken ist nicht einmal dieses sanfte Wehen zu hören, sondern es herrscht echte Stille – eine Stille, die uns die Sprache nimmt, in der man kaum zu atmen wagt, weil man glaubt, einen Anflug dessen zu erleben, was Ewigkeit sein könnte.

Wenn Sie das kennen, dann waren Sie wahrscheinlich auch schon dort – in der Namib, der ältesten Wüste der Erde. Ich landete in dieser endlosen Einsamkeit mit einem kleinen Flugzeug, aus Windhoek kommend. Niemand außer mir war in dieser winzigen Maschine gewesen, und als der Pilot wieder startete, blickte ich ihm leicht erschrocken nach. Er war meine einzige Verbindung zur Zivilisation gewesen, denn der alte Mann, der jetzt reglos neben mir stand, nachdem er mir ernst die Hand geschüttelt hatte, und der jetzt dem Flugzeug nachblickte, bis dieses lautlos geworden und zu einem Punkt geschrumpft war, war mir noch nicht vertraut. Und die Stille, die sich nun über alles legte, war so ungewohnt, so erdrückend, dass ich selbst reglos blieb und den Drang verspürte, mir jetzt die Ohren zuhalten zu wollen, um dieses unglaubliche Nichts zu ertragen.

Doch dann lächelte der alte Mann und meinte in fehlerlosem Deutsch: „Ich bin Martin". Diese Überraschung war gelungen, und ich dachte an das Buch, das ich über die deutsche Kolonie Südwestafrika gelesen hatte, in dem es hieß, dass noch immer viele deutsche Familien hier in Namibia lebten, schon seit 150 Jahren, und auch die Eingeborenen die deutsche Sprache und viele Gewohnheiten und Bräuche, vor allem die Liebe zu Bier und Eiswein, übernommen hätten. Martin startete den Jeep und los ging es durch endlose Sanddünen, vorbei an Bergen, die aussahen, als hätte man sie aus einzelnen Steinen hundert Meter hoch aufgeschichtet – ab und zu dazwischen ein vertrockneter Strauch. Dann glänzte plötzlich etwas Weißes zwischen den gelben, braunen und orangefarbenen sanften Wellen. Ich richtete mich im Wagen auf und versuchte zu eruieren, ob es denn das Wasser sein könnte, gab mir aber gleich selbst die Antwort: Es war getrocknetes Salz, das sich hier abgelagert hatte, als sich das Meer zurückgezogen hatte. Wir waren ja nur etwa 70 km vom Atlantischen Ozean entfernt – mit seinen gigantischen Wellen samt ihrer Gischt, die ich vom Flugzeug aus gesehen hatte. Die Namib ist eine Wüste direkt am kalten Ozean, der immer wieder Nebelschwaden weit ins Land hineintreibt und so auch dafür sorgt, dass hier durch diese tägliche Feuchtigkeit Pflanzen überleben können, dass immer wieder zwischen den Dünen einzelne zarte Blumen zu sehen sind, und dicke grüne Sukkulenten.

Plötzlich stoppte Martin den Jeep und fragte mich, ob ich mir gern ansehen würde, wie viele Tiere die Wüste bevölkerten. Ich blickte ihn skeptisch an, denn wer oder was sollte in dieser Einöde aus Sand, Salz und Steinen überleben? Aber schon war er aus dem Jeep gesprungen und deutete auf eine der Dünen, auf der tatsächlich Hunderte kleiner Striche zu sehen waren, Punkte und Striche, um genau zu sein. Zuerst schien es mir, als ob alles ruhig wäre, doch je mehr sich meine Augen an das gleißende Licht gewöhnten und je genauer ich hinblickte, desto mehr Leben schien sich hier plötzlich zu zeigen: Heuschrecken mit orangefarbenen Beinen waren zu sehen, winzig kleine Eidechsen liefen die Dünen hoch, verharrten einen Augenblick und waren auch schon wieder verschwunden. „Ich zeige dir jetzt etwas Besonderes", rief mein Guide, machte einen Sprung vorwärts, vergrub die Hände im Sand und zog sie wieder hervor. Er streckte fünf Finger aus – und da sah ich es: Eine Eidechse von etwa 10 cm Länge hatte sich in seinen kleinen Finger verbissen wie ein Rottweiler und ließ nicht los. Einzig mit den spitzen Zähnchen hing sie an der Haut seines Daumens, der ganze restliche Körper baumelte frei in der Luft. Martin grinste und begann den Kiefer des Tieres sanft zu massieren, bis er dessen Widerstand überwunden hatte und die Eidechse wieder losließ.

Mein Guide wanderte nun los und ich folgte ihm durch die Wüste, die – aus der Nähe betrachtet – erstaunlich vielfältig aussah. Er erzählte mir, dass dieser Sommer nach sieben Jahren Trockenheit endlich wieder Regen gebracht hatte – sogar in der Namib-Wüste – und dass im Nordosten Namibias, im Damaraland, das weiße Gras fast einen Meter hoch steht. „Du musst dir das ansehen! Wenn der Wind darüberstreicht, dann erinnert es an Schnee, der alles bedeckt – und besonders schön ist es bei Sonnenuntergang, dann leuchtet dieses Gras wie die Schaumkronen des Ozeans." In mir kam Freude auf, denn ich wusste, dass ich dort nicht nur die Landschaft bewundern würde, sondern auch die weißen Nashörner, die sich friedlich mit ihrem Nachwuchs am jetzt ausreichend vorhandenen Grünzeug gütlich tun würden.

Doch auch hier, in der Wüste, entdeckte ich nun interessante Pflanzen, eine von ihnen beeindruckte mich besonders, denn solche verwitterten Exemplare hatte ich noch nie gesehen: die Blätter mehr als einen Meter lang und in der Mitte eine Art Stamm mit Jahresringen, ganz nah am Boden. Aus diesem kurzen Stamm wuchsen tatsächlich Blütenstände in zarten Farben nach oben, über und über bedeckt mit weiß-roten Käfern. Martin erklärte mir, dass dies die namibische Nationalpflanze sei – „eine Welwitschia! – Und weißt du, von wem sie das erste Mal entdeckt und beschrieben wurde? Von einem Österreicher, nach ihm ist sie auch benannt!" Ich musste lachen, denn so etwas hatte ich nicht erwartet. Und jetzt erinnerte ich mich auch wieder daran, dass ich von diesem Friedrich Welwitsch gelesen hatte und dass er das Gewächs als die interessanteste, aber auch als die hässlichste Pflanze beschrieben hatte. Ganz unrecht kann ich ihm dabei nicht einmal geben, und trotzdem gefällt mir der Name, den die Einheimischen ihr geben, viel besser. Sie sagen, es sei die „Pflanze, die nicht sterben kann", denn tatsächlich kann sie mehrere hundert oder sogar 1.000 Jahre alt werden.

Auf dem nächsten Hügel deutete mein Guide auf einen dunkelbraunen Skorpion, der zwischen den Dünen umherlief. „Ist er sehr giftig?", wollte ich wissen. „Na ja, meine Freundin Mamsy hat erst vor zwei Wochen Bekanntschaft mit so einem gemacht, als sie in Flip-Flops zum Abendessen ging und ein ziemlich großes Exemplar übersehen hat. Dieser Skorpion hat sie in den Fuß gestochen und sie musste einige Tage in der Klinik bleiben – mit furchtbaren Schmerzen. Aber es ist zum Glück nichts Schlimmeres passiert", beruhigte er mich dann gleich. Ich war froh, als ich auf mein wüstentaugliches Paar Wanderschuhe hinunterblickte, und nahm mir vor, diese auch im Camp nicht gegen Sandalen zu tauschen. Man kann ja nie wissen, welches Getier meine Wege kreuzt.

Namibia

Nur wenig später hielt Martin inne und zeigte auf einen verdorrten braunen Busch, der lediglich ein paar grüne Ästchen hatte. Leider konnte ich nichts erkennen – es war aussichtslos. Ich zuckte mit den Schultern und Martin holte aus seiner Umhängetasche eine runde Dose, schraubte sie auf – und ich ekelte mich sofort: Lauter Mehlwürmer wanden sich darin. „Die brauchen wir, damit du diesen Verwandlungskünstler in voller Aktion bewundern kannst", meinte er. Und als wir uns vorsichtig näherten, erkannte ich tatsächlich etwas, das ein klein wenig brauner war als das Geäst, dort saß ein Chamäleon – etwa 30 cm lang – in der prallen Sonne ganz oben im Busch und wartete auf ein Insekt. Als Martin ihm den Mehlwurm präsentierte, passierte erst einmal gar nichts. Doch nach etwa zwei Minuten reglosen Verharrens schoss wie ein Pfeil die Zunge aus dem Maul des Tieres und schon war der Mehlwurm weg. Unglaublich, diese Geschwindigkeit, fast nicht zu sehen!

„Du hast recht, das ist ein Kennzeichen von vielen Tieren hier in der Namib – ihre Schnelligkeit, wenn sie ein Opfer erspäht haben, deshalb solltest du jetzt auch nicht weiter nach links gehen, falls du nicht unbedingt einen Krankenhausaufenthalt riskieren möchtest." Ich erstarrte und wandte ganz vorsichtig meinen Kopf nach links. Ein kleiner Hügel war da, nicht viel höher als mein Knöchel, eine Pflanze und ein dürrer Ast darauf. Was sollte hier das Problem sein? „Schau genau hin! Und beweg dich nicht!" Ungerührt nahm mein Guide seinen weichen Schlapphut vom Kopf, hielt ihn einen Augenblick lang in der rechten Hand – und mit einer blitzschnellen Drehung stürzte er sich sodann auf den Hügel, riss Sand und irgendetwas Hellgraues in die Höhe und lachte dann voll Stolz. Sein faltiges Gesicht schien plötzlich jung und spitzbübisch, die Augen funkelten – und ich wusste noch immer nicht, warum er sich so freute. Doch gleich darauf konnte ich es sehen, denn Martin warf nun seinen Hut auf den Boden und aus ihm heraus glitt eine etwa 60 cm lange

Schlange, die sich in Seitwärtsbewegungen unglaublich rasch über den Sand von uns wegbewegte. Ich war geschockt, denn ich hatte das Tier nicht gesehen. „Kannst Du auch nicht", meinte Martin, „das ist eine Puffotter – und sie hatte sich bis auf die Augen und das Horn in den Sand eingegraben. So wartet sie auf ihre Opfer – manchmal viele Tage lang. Und wenn du nicht auf sie trittst, tut sie dir auch nichts. Aber wenn sie dich gebissen hätte, dann hättest du deine Heimat vermutlich nicht wiedergesehen! Hierfür haben wir kein Gegengift", fügte er mit einem Achselzucken hinzu.

Schweigsam fuhren wir jetzt ins Camp, wo ich froh war, nach dem Abendessen das mir zugewiesene kleine Häuschen aufsuchen zu können. „Brauche ich ein Moskitonetz?" war meine letzte Frage gewesen und Mamsy, die mich mit einer Taschenlampe bis zur Tür begleitet hatte, wehrte lachend ab. „Nein, hier bei uns ganz sicher nicht. Aber Du wirst eine wunderschöne Überraschung erleben. Heute ist Vollmond. Schau Dir an, was auf dem Dach auf Dich wartet!" Ich öffnete die Tür zur Veranda und sah, dass dort Kerzen in Behältern bis hinauf auf das niedrige Dach standen. Neugierig folgte ich der Spur aus Lichtern und blieb dann gerührt stehen: Auf dem Dach war ein schönes, kuscheliges Bett gerichtet worden, um mir einen Ausgleich zu dem Schrecken zu schaffen, den mir die Puffotter eingejagt hatte. Und als ich den Blick nach oben zum Firmament richtete, war ein unglaubliches Lichtermeer zum Greifen nahe: Das Kreuz des Südens und die Milchstraße mit ihren Abermillionen an Sternen zogen mich in ihren Bann und am Horizont begann soeben der Vollmond aufzugehen. Die halbe Nacht hatte ich auf den Mond und den Sternenhimmel der südlichen Hemisphäre geblickt, hatte die Stille genossen, warm in Decken eingehüllt in der nun rasch abkühlenden Nachtluft. Doch schon bei der ersten Morgenröte, noch bevor die Sonne mit ihren Strahlen die Dünen in ein Farbenmeer aus Rot, Gold und Orange tauchte, war ich schon wieder wach und freute mich nun auf weitere Entdeckungen, die hier in Namibia auf mich warten würden.

Rezept

Zartes aus der Wüste: Gratinierter Lammrücken mit Kürbis

für 2 Personen
ca. 60 Minuten

Zutaten:

- 300 g Lammrücken
- 2 Tomaten
- 30 g Frischkäse (Rahmstufe)
- 3 EL Olivenöl
- 400 g Kürbis (z.B. Hokkaido)
- Salz
- Pfeffer
- Muskatnuss

Zubereitung:

Den Backofen auf 180° C Umluft vorheizen. Lammrücken waschen, mit Küchenrolle trocken tupfen und mit Salz und Pfeffer würzen.

Die Tomaten in feine Würfel schneiden und mit dem Frischkäse vermengen. 2 Esslöffel Olivenöl in einer Pfanne erhitzen und den Lammrücken darin ca. 1-2 Minuten auf jeder Seite anbraten. Dann das Fleisch mit der Tomatenmasse gleichmäßig bestreichen. Den Lammrücken für 45 Minuten schmoren lassen.

Den Kürbis in ca. 1 cm dicke Streifen schneiden. In einer zweiten Pfanne 1 Esslöffel Olivenöl erhitzen und die Kürbisstreifen darin ca. 2-3 Minuten braten und mit Muskatnuss, Salz und Pfeffer würzen.

Vor dem Servieren den Kürbis auf Tellern anrichten, das Lamm darauflegen und mit frischen Kräutern nach Belieben garnieren.

Mein Tipp: Garnieren Sie die Kürbisstreifen noch mit 1 Esslöffel ungesalzenen, gerösteten Kürbiskernen. Die grünen Kerne sorgen nicht nur für einen mild-nussigen Geschmack, sondern sind auch ein Lieferant hochwertiger essentieller Fettsäuren. Vor allen die enthaltenen Phytosterole gelten als natürliches „Heilmittel" für Blase und Prostata.

Gratinierter Lammrücken mit Kürbis

Nachwort

Liebe Leserin, lieber Leser!

Mein Wunsch war es, Ihnen Lust darauf zu machen, sich immer wieder einmal aus dem Alltag auszuklinken, die eigenen Sinne in der Natur zu stärken und den Blick nach innen zu richten – auf die eigenen Wünsche und darauf, wie unser Leben in der Zukunft aussehen sollte. Diese Reisen müssen aber nicht immer in ferne Länder führen. Während ich diese Zeilen schreibe, sitze ich gerade am Dachstein, dem höchsten Berg der Steiermark, meiner Heimat, und blicke voll Dankbarkeit ins Land.

In den herrlichen Wäldern aber auch in den sanften Hügeln, die mit Apfelbäumen und Weinstöcken locken, finde ich ebenfalls Ruhe, aber auch das Lachen mit Freunden und den Genuss von gesunden „Schmankerln". Heute darf ich glücklich zurückblicken auf mein Leben, das trotz einschneidenden Lebenserfahrungen dazu geführt hat, dass ich meine Visionen verwirklichen konnte: Natürliche Substanzen, wie probiotische Bakterien und präbiotisch wirkende Pflanzenextrakte, wissenschaftlich zu erforschen und sie dann so vielen Menschen wie möglich zur Verfügung zu stellen – auf ihrem Weg zu mehr Gesundheit und zu einem Leben im Einklang mit der Natur.

Ihre

Anita Frauwallner

Mein Reise-Tagebuch

Mein Reise-Tagebuch

Mein Reise-Tagebuch

Mein Reise-Tagebuch

Mein Reise-Tagebuch

Mein Reise-Tagebuch

Mein Reise-Tagebuch

Mein Reise-Tagebuch

Tropical
PARADISE